鈴木公啓
Tomohiro Suzuki

Introduction to
Statistics in Psychology:
Comprehensible Textbook
for Beginners [3rd Revised
and Enlarged Edition]

● こころのデータ理解への扉その3

再増補版

やさしく学べる心理統計法入門

ナカニシヤ出版

はじめに ＆ この教科書の使い方

　心理学を勉強しようと思って大学に入学した皆さんの多くは，統計という授業に出会い，とまどっているかもしれません。なぜ心理学で統計が必要なのでしょうか。０章では簡単にそのことについて説明します。そして，１章から後は，心理学の学びで大事な統計について，少しずつ，できるだけ簡単に説明していきます。

　他の教科書では難しいと思っていた人にとって，「確かにこれならばわかる！」と思ってもらえるような本を目指して書いてみました。この本が，皆さんの心理統計の学びの手助けになれば幸いです。

　さて，ここですべての章に共通するこの教科書の読み方について説明しておきます。

- 大事な用語は**太字**にしています。
- 練習問題をところどころに入れています。実際に自分でやってみることによって，理解が進むと思います。統計は慣れが大事です。ぜひとも，チャレンジしてみてください。期末試験対策にもなると思います。
- コラムもところどころに入れています。雑談のようなものもあります。少しでも気分転換や学びの助けになればと思います。
- なお，本書で例題や練習問題として挙げたデータは，あくまでも架空のデータです。

　それではさっそく，心理統計法への第一歩を，扉を開けて踏み出してみましょう。

目　　次

第1部　準備編

　ここでは，なぜそもそも心理学の学びにおいて統計を勉強しなければいけないのか，そのわけについて説明します。次に，統計で扱う「データ」の種類と性質について説明します。

0章　まえふり
―なぜ心理学を学ぶのに統計を勉強しなければいけないのか―

　心理学には様々な領域があり，その多くの領域で統計が必要とされています。心理学は自然科学を目指してきた学問です。そのため，客観的にデータで説明をおこなうことが求められます。また，多くの大学で心理統計が必須科目となっていますし，認定心理士や公認心理師などの資格を取得するために必要な科目にもなっています。

0-1　心理学の領域

　心理学は，心の理〈ことわり〉の学問，つまり，こころのメカニズムを明らかにする学問です。心理学にはたくさんの領域があります。例えば臨床心理学。これは，心理的に悩みを抱えていたり苦しんでいる人を助けるための知識や技術を扱う領域です。パーソナリティ心理学や社会心理学といった領域もあります。これは，性格や状況の影響力で行動を予測するモデルを作ろうとする領域です。例えば，ある人が近くにいた人を助けた場合，道徳心などの個人の内側にあるもので説明しようとするのか，それとも，気になっている異性が見ていたから（だから良いところを見せないと！）といった状況の力で説明しようとするのか，どちらに重きを置くかが異なっています。他にも，教育心理学や認知心理学など，たくさんの領域があります。それらの領域のすべてにおいて，基本的には統計が使われています。

0-2　なぜ統計が必要か

　こころというものは，古くから人々の興味関心が向けられてきました。まず，古代ギリシャ時代には哲学という分野で，こころというものが扱われてきました。そして，例えば19世紀などには，骨相学という頭蓋骨の形からその人の性格や能力を知ろうとする学問のようなものがありました（現在はその内容は否定されています）。しかし，1879年にW. M. ヴントという人が心理実験室を設立したことで生まれた心理学という学問は，それまでのこころに対する取り組み方とは違った特徴がありました。

　心理学は，物体の法則を研究する物理学をモデルとし，自然科学の方法論に基づいて研究がおこなわれています。簡単にいうと，「こころ」を科学的に扱おうとしています。科学的であるには，「客観性」が求められます。客観性とは，データに基づいて話をし，また，研究者の思いつきや考

え方によって左右されない，ということです。

　例えば，梅干しを1日に5個食べるというリラックス方法を提唱している人がいるとします。そしてその人は，「とても効果がある！」と声を大きくして宣伝しているとします。その人の周りの人達も，「この方法はとても効果がある！」と声をそろえて主張しているとします。それではその方法は本当に効果があるのでしょうか。

　たぶん皆さんは，「怪しい」と思うか「わからない」と思うのではないでしょうか。単に効果を言葉で説明するだけでは，本当かどうかがわかりません。その方法を売り出して儲けたいために，効果がほとんどないのにあるように言っているのかもしれません。しかし，もしこのように言われたらどうでしょうか。「50人を対象に梅干しリラックス法をおこなってもらったところ，2ヶ月でストレス値が10ポイント減った」。そのような内容であれば，それを聞いた人達は，「なるほど，効果はありそうだ。2ヶ月で10ポイントだったら前に試した他の5ポイントの方法よりも効果がある」といったように，効果について判断することができるかもしれません[1]。

　それはなぜでしょうか。客観的データが示されているからです。「なんとなく効いている」よりも「10ポイント減った」とか「20ポイント減った」というようにデータで示せば，皆が同じ内容を理解することができます。これが，客観性です。北国に旅行に行った友人から，「とても寒かったよ」と連絡をもらっても，どのくらい寒いかはよくわかりません。しかし，「マイナス5度だったよ」と連絡をもらえば（そしてそれを経験したことがあれば），どのくらい寒いかそれなりに理解することができます。

　このように数値を扱うことによって，異なったグループの比較や異なった条件間での比較の結果などを客観的に示すことができるようになります。

　心理学は，自然科学を目指してきたために，自然科学の決まりの1つである客観性をふまえている必要があります。そのため，心理学のほとんどの領域で，調査や実験などの研究をおこない，そこで得られたデータを扱う必要があるのです。そして，そのデータを処理する方法がいわゆる「統計法」なのです。

0-3　心理統計法を学ぶと……

　多くの大学で，心理統計学とか心理統計法といった授業が開講されていると思います（科目名が多少違っていても，心理学分野で使用する統計を学ぶための授業，というのは同じです）。そして，ほとんどの場合，必修科目になっていると思います。それは，先ほども書いたように，心理学という学問では実験や調査をおこない，そこで得られたデータを扱うことが求められるからです。また，認定心理士や公認心理師の資格を取得したいという人にとっても，基本的には統計の授業の単位修得は必須になっています。

　心理統計法は，算数や数学を苦手としている人にとっては，嫌でしかたがない，見るのも苦痛なものかもしれません。しかし，心理学を修めるためには必須です。そのため，嫌な授業に出席し，場合によっては単位を落とし，さらに嫌になる，ということもあるかもしれません。

　しかし，単位を修得し，そして，卒論で調査や実験をおこなって得たデータを分析できるよう

1　実際は，このやり方だけでは効果を検証できません。適切な実験の組み方をおこなう必要があります。

になるためにも，しっかりと学んでおく必要があります。

　ちなみに，統計を学ぶことのメリットはゼロではありません。数字に苦手意識をもたなくなる人もいるかもしれません。客観的な考え方をすることができるようにもなるかもしれません（これも重要）。あとは，就職の際の強みになる（……かも。統計分析のときに，授業によっては専用のソフトウエアを使うことがあります。その経験が，就活のときに役立つこともあります）。さて，少しは，「統計を頑張ってみようかな」という気持ちがわいてきたでしょうか。

　ともあれ統計に興味をもった人もそうでない人も，せっかくですので次の章から少しずつ読み進めて，少しでも心理統計法の知識を身につけてもらえたらと思います。

0-4　算数・数学が苦手な方へ

　もし，算数や数学がとても苦手という方は，先にp. 205からp. 206の付録1「復習ノート」を読んでみてください。これから心理統計法を学ぶにあたって必要最低限の知識をまとめています。

　　　　ノート1　割合とパーセンテージ（百分率）
　　　　ノート2　小数の四捨五入
　　　　ノート3　以上，以下，未満，より大きい，より小さい
　　　　ノート4　有効桁数
　　　　ノート5　絶対値
　　　　ノート6　まるめの誤差
　　　　ノート7　電卓の「＋／−」記号の使い方

1章　データと尺度

　私たちの周りには数字があふれています。そして、いろいろな場面で数字を用いて何かを表現しています。学生証には、個人に割り当てられた学籍番号（学生番号）が記載されていると思います。駅では、目的地までの運賃が 160 円などと掲示されています。マラソンではゴールした順に 1 位、2 位、…と数字を割り当てています。身体測定のときには、身長が 170 cm とか、視力が 0.2 などの結果が伝えられます。いろいろなものが数字で表されています。

　そして、同じ数字であっても、意味が全然違うことがあります。学籍番号が 60 番、体重が 60 kg、通学時間が 60 分、どれも 60 という数字は同じですが、意味はまったく異なります。

　また、数字の大小は、必ずしも意味があるとは限りません。通学時間が 30 分の人は 60 分の人の半分で大学に到着できます。しかし、学籍番号が 60 番の人は 120 番の人の何かが半分かというとそうではありません。

　ここでは、これらの数字の種類や特徴について説明していきます。

1-1　データと尺度

　データとは、簡単にいうと数値の集まりです。知りたい**事象**（知りたいこと）を、あるルールにのっとって数値にすることを**測定**といいます。心理学においては、調査や実験などで測定がおこなわれ、そこで得られたデータを扱っています。例えば、リラックスしているときや人前で話すときの心拍を測定すれば、心拍を表す数値が得られます。そして、その数値の集まりが「心拍のデータ」ということになります。なお、この測定される対象ごとに異なる数値をとるもののことを**変数**といいます。つまり、ここでは心拍という変数を扱っているということになります。

　測定は、ある規則に従っておこなわれます。この測定のときに使われる規則のことを**尺度**といいます。つまり、ある事象を尺度によって測定し、数値に置き換えるということをするわけです。例えば、身体の重さを体重計によって測定し○○ kg という数値にする、といったようなものです。

1-2　尺度の 4 つの種類

　尺度は 4 つの種類に分けることができます。以下に 4 つの尺度の種類とその特徴、そしてその

尺度で測るものの例を簡単に挙げてみます。

（1）**名義尺度**：カテゴリーに数値を割り当てる尺度（例：性別）
（2）**順序尺度**：順序（大小関係）だけを示すように数値を割り当てる尺度（例：マラソンの順位）
（3）**間隔尺度**：一定の等しい単位で計測された数値を割り当てる尺度（例：摂氏温度（日本の温度表示））
（4）**比例尺度**：一定の等しい単位で計測された数値を割り当てる尺度。そして，割り当てられた数字のゼロが「ない（存在しない）」ということを示している尺度（例：物の長さ）

　それぞれ，特徴があり，その違いを覚えることが大事です。それでは，順に説明していきましょう。

1-3　名義尺度

　名義尺度は，数字がカテゴリーを示すために使われている尺度です。例えば，性別を想像してください。「男性」とか「女性」という言葉は，数字ではないのでそのままでは分析できませんし不便です。そこで，それぞれを数字に置き換える必要があります。そのとき，どのような数字に置き換えるとよいでしょうか。

　男性や女性というのは，あくまでも性別というカテゴリーを示す用語です。そのため，どのような数字を当てはめてもかまいません。例えば，男性に 0 を，女性に 1 を割り当ててもよいです（図1）。そうすると，逆に，0 なら男性で 1 なら女性というように元に戻すことができます。また，男性に 1 を女性に 0 を割り当ててもかまいません。もしくは，男性に 435，女性に 1084 という数字を当てはめてもかまわないのです。あくまでも，ある数字があるカテゴリーを示している，という対応さえしっかりとしていれば問題ありません。

図1

　国に数字を割り振る場合，日本に 5 を，アメリカに 21 を，フランスに 45 という数字を割り振ってもかまいませんし，もちろん，別の数字を割り振ってもかまいません。このように，カテゴリーを示すだけなので，どのように数字を割り当てても OK です。ただし，数字の大小の意味はありませんし，その数値を足したり引いたりしても，意味はありません。

　また，例えば郵便番号も，特定の番号が特定の市区町村を示しはしますが，数字の大小の意味はありません。

　ちなみに，このようにカテゴリーを数字に置き換えることを，**コーディング**する，といいます。コーディングすることによって，分析に用いることができるようになります。

1-4 順序尺度

　順序尺度は，ものごとの順序だけを示している尺度です。例えば，マラソンでの成績を考えてみてください。早くゴールした人から順に，1位，2位，3位，4位……と続いていくと思います。

　このとき，1位は2位よりも優れていて（走るのが速い），2位は3位よりも優れていて，といったように，数字が，マラソンの能力の順番に対応しています。4位は5位よりも優れていますし，4位は8位よりも優れています。この場合，数字が小さい方が優れているということを示していることになります。

　しかし，表しているのはあくまでも順序だけとなります。1位と2位の数字の差は1です。5位と6位の数字の差は同じく1です。けれども，この1という数字は同じことを意味しているでしょうか。順序としては1つ分（1人分）の違いですが，能力の差が同じとは限りません。1位と2位の能力の違いと，5位と6位の能力の違いは同じとは限りませんよね？　もしかすると，マラソンで1位と2位の人のタイムの違いは40秒で，5位と6位の人のタイムの違いは2分50秒かもしれません。また，100メートル走の世界記録1位の人のタイムは9秒58ですが[2]，2位の人のタイムがその倍ということはありません。あくまでも，1位の次が2位というだけなのです。

　このように，順序だけを示すのが順序尺度です。ちなみに，足したり引いたりしても，ほとんど実質的な意味はありません。

1-5 間隔尺度と比例尺度

　間隔尺度と比例尺度は，一定の単位で計測された数値を示す尺度です。それでは，一定の単位で測定するとはどのようなことなのでしょうか。

　例えば，モノの長さを測ることを想像してみてください。5（cm）と6（cm）の差は1（cm）です。12（cm）と13（cm）の差は1（cm）です。2,586（cm）と2,587（cm）の差も1（cm）です。そして，その1という長さは，どれも等しく1cmという長さを意味しています。これが，一定の単位による測定ということになります。

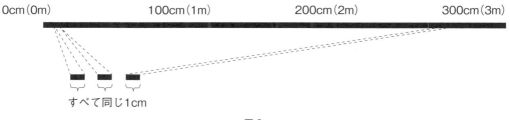

図2

2　本書執筆時での世界記録。2009年のウサイン・ボルトによる記録です。

　それでは，間隔尺度と比例尺度は何が違うのでしょうか。それは，ゼロが「ない（存在しない）」ということを示しているかどうかです。ゼロが「ない」ということを意味しているのが比例尺度で，「ない」ということを意味していないのが間隔尺度です。モノの長さの場合，ゼロは，長さがないということを意味しています。しかし，温度の場合はどうでしょうか。

　日本では，温度を表すのに摂氏というものを使っています。いわゆる，0度だと水は氷になって（氷点），100度だと水が水蒸気になる（沸点），というあれです。夏に30度を超えて，場所によっては40度ぐらいになってニュースになるあれです。さて，この場合の0度は，「温度がない」ということを意味しているでしょうか。

　温度がないという状態を，すべてのモノが凍り付いて動かないこと，と考えてみてください。0度であっても動けますよね？　マイナス5度でも，マイナス20度でも，すべてのものが動きを止めるわけではありません。つまり，まだ温度があるということになります。マイナス273.2度までいって，ようやくすべての物体の動きは止まります。つまり，そこが温度がないという状態ということになります（ちなみに，マイナス273.2度のことを絶対零度といいます）。そのため，0度とは，温度がない状態ということを示してはいないことになります（コラム1も参照）。

　はじめの例に挙げた長さの場合は，0が長さが「ない」という意味を示しているので，比例尺度ということになります。重さの場合も同じく比例尺度です。温度（摂氏）の場合は，0が温度が「ない」ということを示していないので，間隔尺度ということになります。

　慣れないとわかりにくいかもしれませんが，どうでしょうか。本来，間隔尺度と比例尺度は，厳密には区別されなければいけない尺度とされています。しかし，この2つは分析の際にはほとんど同じように扱われます。ですから，とりあえずはこの2つの違いについて悩みすぎる必要はありません。

　なお，間隔尺度と比例尺度ともに，足したり引いたりすることが可能です。つまり，量として扱うことが可能な尺度となります。

1-6　尺度の種類による情報の量

　さて，今まで説明してきた4つの尺度の種類によって，測定したデータの情報の量が異なってきます。その順番は下のようになっており，右の方が情報の量が多くなります。

　　　　名義尺度 ＜ 順序尺度 ＜ 間隔尺度 ＜ 比例尺度

　名義尺度で測定したデータよりも順序尺度で測定したデータの方が情報の量が多く，順序尺度で測定したデータよりも間隔尺度で測定したデータの方が情報の量が多く，間隔尺度で測定したデータよりも比例尺度で測定したデータの方が情報の量が多いです。そして，情報量は多い方が良いのです。

　例えば，年齢で考えてみましょう。アンケートで「（　　　　）歳」と数字の記入欄を設け，そこに直接数字を記入してもらった場合，あとから，20代とか30代に割り振ることができます。例えば，27歳だったら20代に，31歳だったら30代に割り振ることができます。しかし，はじめから「20代　30代　40代」といった10歳刻みの選択肢の中から当てはまるものを1つ○で囲んでもらった場合，あとから細かく何歳かを知ることはできません。また，21歳や35歳を若年層，

47歳や52歳を中年層，といったように大きなカテゴリーにまとめることもできますが，その逆はできません。

　情報の量を落とすことはできても，元に戻すことはできないのです。「○歳」と答えてもらっていれば，年齢の平均値などを計算することができますが，はじめから若年層とか中年層といったカテゴリーでたずねてしまうと，年齢の平均値などを算出することができません。なお，情報の量が多いほど，扱える分析も高度になり，種類も多くなります。情報の量が少ないと，扱える分析が限られてしまいます。

　データを集めたあとに，「失敗した」と思わないためにも，皆さんが卒論などでデータを集めるときには，できるだけ比例尺度や間隔尺度を用いて情報の量が多いデータを得ることをお勧めします。

練習問題1

　それぞれの尺度で測定されるものを，最低1つは挙げてみましょう。名義尺度にはどのようなものがありますか？　順序尺度には？　間隔尺度と比例尺度は？　間隔尺度と比例尺度の区別は難しいかもしれませんが，ぜひそれぞれ挙げてみましょう。

1-7　データの分類

　尺度で測定されたデータは，大きく2つに分類することができます。1つは**質的データ**，もう1つは**量的データ**です。質的データ（カテゴリーデータともいいます）は名義尺度と順序尺度で測定されたものになります。量的データは間隔尺度と比例尺度で測定されたものになります。なお，質的データで測定される事象を**質的変数**，量的データで測定される事象を**量的変数**といいます。

　そして，量的データは，さらに離散データと連続データに分けることが可能です。まずは離散データです。とびとびの値しかとらない事象を測定したデータのことです。例えば，人数であれば，1人単位で測定可能ですが，0.2人とかはありえません。家族が2.7人とかはありえないですよね。次に連続データです。これは，測定方法さえ準備できれば，どこまでも細かく測定することができるような連続的な事象を測定したデータのことです。例えば，モノの長さであれば，精密に測定できる道具さえあれば，2.145395410387451087480……（mm）といったように，どこまでも細かく測定していくことが可能です。

　その分類をまとめたのが図3です。データの種類によって，データの扱い方が異なってきます。そのため，扱うデータがどのような性質のものであるか，しっかりと把握しておく必要があります。データの種類とデータの処理が対応していないと，せっかくおこなった統計処理が，まったく意味のないものになってしまうこともあります。

1-8　こころを数値化する

　これまで，データの話をしてきましたが，0章でもお伝えしたように，心理学ではこころを数

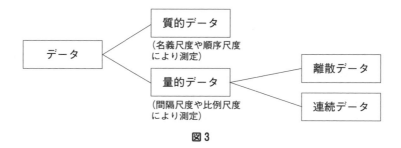

図3

値化し客観的指標として扱います。とはいえ，やさしさ，まじめさなどのこころの一側面を数値化しようとしても，直接測定できる身長や時間などと異なり，直接測定することができません。普段，身長や時間などは身長計や時計などの道具を用いてあたりまえのように数値化して扱っていますが，こころはどうやって数値化するのでしょうか。

　心理学では，便宜的に数値を割り当てることでこころを測定しようとします。例えば，まったくやさしくない場合を0点，そして，とてもやさしい場合を10点とします。そして，自分や他の人のやさしさを，0から10点の間のどれかに当てはめて，数値化します。このようにすることによって，こころを客観的に扱い，そして，こころのメカニズムを理解しようとします。

　なお，この他にも，2人が座ったときの距離や，瞬きの回数などもこころの一部を反映するデータとして用いることが可能です。

コラム1　摂氏と華氏と絶対温度

　私たちが日常で使っている温度の単位は，摂氏（℃で表します）というものになります。本文でも簡単に説明しましたが，氷と水の境目が0で，水と水蒸気の境目が100の数字で表されます。実は，他にも温度の単位があります。それが，華氏と絶対温度です。

　華氏（℉）は，アメリカなどで使われています。海外の天気予報などで見たこともないような数字が表示されているのを見て驚いた人もいるのではないでしょうか。

　摂氏も華氏も，0度が「温度がない」ということを意味しているわけではありません。それに対し，絶対温度（K）は，温度がないということを0で示しています。すべての動きが止まり，熱が発生しない状態を0としているのです。これは，摂氏においてマイナス273.2度に相当します。

　ちなみに，摂氏と華氏と絶対温度の対応関係を簡単にまとめてみると図4のようになります。

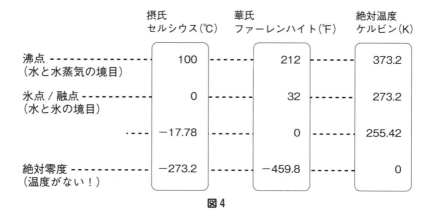

図4

第2部　記述統計編

　ここでは，記述統計について説明します。記述統計はデータの特徴を表すために用いられます。平均値など，日常生活で見かける指標もあれば，相関係数のように，初めて見る指標もあるでしょう。データの特徴を理解するために，図表や数値でどのように示せばよいのか，その方法について説明します。

2章 データをまとめてみる（図表編）

大量のデータはそのままではなかなか理解できません。人間の能力には限界があります。そこで，大量のデータを理解できるようにまとめる必要があります。その方法には，表にする，図（グラフ）にする，そして統計処理した数値にするといったものがあります。ここでは，図表にまとめる方法を説明します。

2-1　記述統計とは

実は，統計には**記述統計**と**推測統計**の2つがあります。記述統計とは，皆さんが比較的馴染みのある平均値とかパーセンテージなどが該当します。データの特徴をそのまま数字で表したものとなります。しばらくは，この記述統計について，説明をおこなっていきます。それに対して推測統計は，普段の生活ではほとんど見かけることがない統計で，確率を用いた統計になります。これについては，後ほど（第3部で）改めて説明します。

2-2　データをまとめることの意味

図表にまとめる方法の前に，ここでは，まず，データをまとめるということと，その意味について説明したいと思います。

例えば，宇宙に行った調査団から，「二足歩行の生物を発見！　調査資料を送る」といったタイトルとともに，その生物の身長（体長）の計測データが200体分送られてきたとします。単位はcmとします。

| 181 | 163 | 242 | 173 | 206 | 179 | 183 | 223 | 168 | 220 | 184 | 241 | 175 | 198 | 191 |
| 205 | 166 | 176 …… |

さて，この大量の数字を見て，その二足歩行の生物の身長がだいたいどのくらいであるかわかる人はいるでしょうか。普通は，わからないのではないかと思います。

しかし，例えばこれらのデータに統計処理をおこない，「平均値が195cm」という結果が伝えられたとしたら，「ああ，日本人男性の身長の平均値よりもかなり身長が高いんだな。アメリカ人やフランス人の平均値よりもさらに高いんだな」といったように把握することができます。つ

まり，データをまとめることによって，大量のデータであっても理解しやすくなります。

　このように，記述統計というのは，大量のデータをわかる形にするためのツールということが可能です。面倒なもの，ではなく，役に立つものというイメージを少しはもってもらえたらと思います。

　それでは，まずデータを表にまとめる方法を説明していきましょう。

2-3　カテゴリーデータについて表にまとめる

　まずここでは，**カテゴリーデータ**（名義尺度で測定することができるもの）について表にまとめる場合について説明します。例えば，ある大学の心理学科に在籍する学生の性別について，以下のようなデータがあるとします。

男性，女性，女性，男性，女性，男性，男性，男性，女性，男性，女性……

　このような場合に男女の人数についてどのようにまとめることができるでしょうか。

　まず，男性の数と，女性の数を数えます（実際にはコンピュータでカウントするのが一般的です）。数えた結果，男性が 60 人で女性が 90 人，全体（合計）は 60 ＋ 90 ＝ 150 で 150 人だったとします。

　さて，心理学において，このようなカテゴリーデータの数をまとめるときには，**割合**（または**パーセンテージ**）と合わせて表にするのが一般的です。そこで，男性と女性のパーセンテージもそれぞれ計算して，同じ表にまとめることにしましょう（割合とパーセンテージの違いは p. 205 ノート 1 を参照）。

　それでは，まずはパーセンテージを算出しましょう。男性の全体に対するパーセンテージは，（男性の数÷全体の数）× 100 で計算できるので，60 ÷ 150 × 100 ＝ 40.0 となり，40.0％ということがわかります。女性の場合も同様に，（女性の数÷全体の数）× 100 で計算できるので，90 ÷ 150 × 100 ＝ 60.0 となり，60.0％ということがわかります。これを表にまとめたのが表 1 です。

表1

	人数	％
男性	60	40.0
女性	90	60.0
合計	150	100.0

　上で説明したのは，変数が性別という 1 つだけのときの表でした。変数が 2 つ（またはそれ以上）のときも，表にまとめることができます。例えば，男性と女性でピアスの経験があるかないか，その数をまとめるような場合です。この場合，男性と女性というのは，性別という名義尺度のデータですし，ピアスの経験の有無も，名義尺度のデータになります。

　さて，性別とピアス経験の有無について，以下のようなデータがあるとします。

男性・ピアス経験あり，男性・ピアス経験あり，女性・ピアス経験なし，男性・ピアス経験あり，女性・ピアス経験あり，女性・ピアス経験あり，……

　このように名義尺度と名義尺度のデータについては，下の表のようにまとめることができます。これを，**クロス表**といいます。あとでも出てくるので，覚えてください。

表2

	ピアス経験あり	ピアス経験なし	計
男性	60	300	360
女性	140	200	340
計	200	500	700

　表の左（表側）は性別，表の上（表頭）にはピアス経験の有無のラベルがあります。そして，男性のピアス経験あり，男性のピアス経験なし，女性のピアス経験あり，女性のピアス経験なしの人数をそれぞれカウントすれば，上の表2ができあがるのです。

　もちろん，この表には先ほどと同じように，割合（または％）を合わせて表記することができます。この場合は，性別を基準にするか，ピアス経験有無を基準にするかによって変わってきます。これは，何を目的として，何を知りたいかによって変わってきます。

　例えば，男性におけるピアス経験ありとなしのそれぞれのパーセンテージ，女性におけるピアス経験ありとなしのパーセンテージを表にまとめることにしましょう。それぞれの人数を全体の数（合計）で割れば，パーセンテージが算出できます。

　男性のピアス経験ありの％は，（男性のピアス経験ありの人数÷全体の数）× 100 で算出できるので，60 ÷ 360 × 100 = 16.7 となり，16.7％ということになります。

　男性のピアス経験なしの％は，（男性のピアス経験なしの人数÷全体の数）× 100 で算出できるので，300 ÷ 360 × 100 = 83.3 となり，83.3％ということになります。

　女性のピアス経験ありの％は，（女性のピアス経験ありの人数÷全体の数）× 100 で算出できるので，140 ÷ 340 × 100 = 41.2 となり，41.2％ということになります。

　女性のピアス経験なしの％は，（女性のピアス経験なしの数÷全体の数）× 100 で算出できるので，200 ÷ 340 × 100 = 58.8 となり，58.8％ということになります。これを表にまとめるとこのようになります。

表3

	ピアス経験あり	ピアス経験なし	計
男性	60（16.7％）	300（83.3％）	360（100.0％）
女性	140（41.2％）	200（58.8％）	340（100.0％）

（　）内はパーセンテージ。

練習問題2

　それでは，今度はピアス経験ありの中での男性と女性のそれぞれの％（パーセンテージ），また，ピアス経験なしの中での男性と女性のそれぞれの％を計算して，表を埋め

てみましょう。

表4

	ピアス経験あり	ピアス経験なし
男性	60人（　　%）	300人（　　%）
女性	140人（　　%）	200人（　　%）
計	200人（100.0%）	500人（100.0%）

2-4　連続的なデータを度数分布表にまとめる

　先ほどは，カテゴリーのデータを表にまとめてみましたが，今度は，量的なデータを表にまとめてみることにしましょう。

　2-2で例に挙げたような大量の身長のデータをまとめようとしても，性別のように数をカウントすることができません。それぞれ身長が（厳密には）微妙に違うため，どのカテゴリーも人数が1になってしまいます。つまり，カウントはできるのですが，個々の身長の数値はバラバラなので，とてつもなくカテゴリーの数が多くなり（例えば，160.2 cm の人が1人，160.7 cm の人が1人……といった感じで，100人いれば100のカテゴリーができてしまい），実質的にまとめるのが難しくなります。このような連続的なデータについては，区間（階級）を作り，それを使ってまとめていくのが一般的です。その方法でまとめた表が下の表5になります。そして，このような方法でまとめた表を**度数分布表**といいます。

表5

階級（cm）	度数	相対度数（%）	累積度数	相対累積度数（%）
140以上150未満	10	3.3	10	3.3
150以上160未満	70	23.3	80	26.7
160以上170未満	120	40.0	200	66.7
170以上180未満	80	26.7	280	93.3
180以上190未満	20	6.7	300	100.0
合計	300	100.0		

　それでは，順番に説明していきましょう。

　まず，階級というのがあります。これは，連続的な数値をとりうる身長という値に対して，まとめやすいように区切った区間のことです。今回は10 cm 単位で区切りましたが，5 cm 単位でもかまいませんし，自由に設定することができます。なお，この幅のことを階級の幅という言い方をします。今回は，階級の幅は10ということになります。

　また，階級値は，それぞれの階級の真ん中の値を示します。今回の表で，1つ目の階級は140〜150の範囲でしたので，それの真ん中の値は（140 + 150）÷ 2 = 290 ÷ 2 = 145となり，1つ目の階級の階級値は145ということになります。次の階級の階級値は，（150 + 160）÷ 2 = 310

÷ 2 ＝ 155 となり，2 つ目の階級の階級値は 155 ということになります。

　さて，階級を設定したら，その階級に当てはまる数をカウントします。今回は，140 cm 以上 150 cm 未満の人が 10 人，150 cm 以上 160 cm 未満の人が 70 人……というデータのようです。この，階級に当てはまる対象の数を**度数**といいます。すべての階級の度数をカウントすると合計は 300 になりました。

　度数を算出したら，今度は相対度数です。これはつまり割合のことで，パーセンテージで表すことができます。ある階級に当てはまる人が，全体の中でどのくらいの割合なのかを示しています。先に，男性のパーセンテージを扱いましたが，それと同じです。今回のデータで，1 つ目の階級の度数は 10 でした。そして，全体の度数は 300 でした。相対度数は，ある階級の度数÷全体の度数× 100 で算出できます。これに当てはめてみると，10 ÷ 300 × 100 ＝ 3.3 となり，140 cm 以上 150 cm 未満の人は全体の 3.3%しかいないということがわかります。つまり，100 人いたら 3 人ぐらいということになります。同様に，2 つ目の階級についても，度数が 70 であるため，70 ÷ 300 × 100 ＝ 23.3 となり，150 以上 160 未満の人は全体の 23.3%ということがわかります。つまり，100 人いたら 23 人ぐらいということです。

　右側の列の累積度数と相対累積度数については，コラム 2 にまわしたいと思います。興味のある人は，ぜひ読んでみてください。最後に，これまで出てきた用語について，まとめておきます。

　　　　階級……区切った区間のこと

　　　　階級数……階級の数

　　　　階級値……各階級の真ん中の値（先の表では，145，155，……）

　　　　階級の幅……階級を区切るときに使用した間隔（先の表では 10）

　　　　度数……各階級のデータの数

練習問題 3

　それでは，以下のデータを度数分布表（表 6 ）にまとめてみましょう。

　これは，54 人の大学生に，社交性の程度を測定できる質問紙（アンケート調査票）に回答してもらった数値（社交性得点）とします。0 点から 30 点の範囲の値をとることができます。

　さて，その 54 人の社交性得点が並んでいます。階級の幅は 5 として度数分布表を作成してみましょう。はじめの階級は 0 以上 5 未満です。なお，相対度数の小数の桁数については，小数第 2 位を四捨五入して小数第 1 位までで表すことにします。

```
12, 22, 21, 11, 16, 18, 26, 10, 21, 15, 17, 28, 10, 18, 9, 0, 24, 7,
11, 25, 7, 27, 19, 18, 26, 7, 15, 20, 17, 5, 20, 29, 6, 11, 0, 13,
21, 14, 12, 16, 17, 10, 1, 22, 2, 7, 24, 25, 12, 8, 6, 19, 13, 21
```

↓

表6

得点	度数	相対度数（%）
0 以上　5 未満		
5 以上 10 未満		
10 以上 15 未満		
15 以上 20 未満		
20 以上 25 未満		
25 以上 30 未満		
合計		

2-5　グラフにまとめる

　ここでは，グラフにまとめる方法について説明します。グラフ，つまり図にまとめることによって，視覚的にデータの傾向をダイレクトに把握することが可能になります。そのインパクトは大きいです。

　それでは，心理学でよく用いられるグラフをいくつか紹介しましょう。普段テレビやインターネットなどで目にすることがあるものもあれば，見たことがないものもあるかもしれません。

・棒グラフ

　棒グラフは，カテゴリーの平均値や度数などを示すときに用いられます。横軸のカテゴリーの数はいくつでもかまいません。縦軸は平均値でも度数でもかまいません。

　図5を見てみましょう。悩みや心配ごとがあった場合に相談する人はだれかというアンケートの回答結果をグラフにしたものになります。

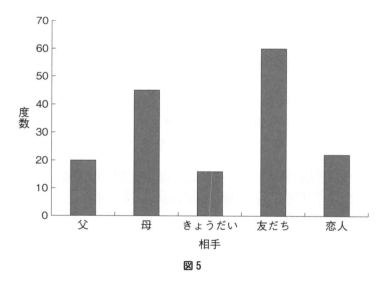

図5

・折れ線グラフ

　折れ線グラフは，変化を表すときなどに使われます。ある対象から繰り返しデータをとったよ

うな場合に用いられます。そのため，カテゴリーが異なるものの比較に使われる棒グラフとは性質が異なっています。

図6を見てみましょう。9歳から32歳までの約20年間にわたり，自分自身を好きな度合いを測定した結果をグラフにしたものとなります。縦軸は，自分自身を好きな度合いの得点（0点から11点まで），横軸は年齢です。

グラフからは，いわゆる思春期に，その得点が低いことが見てとれます。

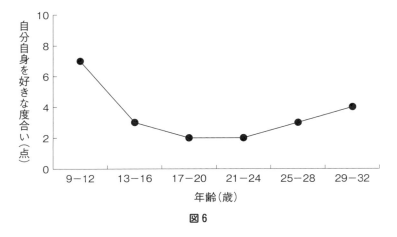

図6

・ヒストグラム

ヒストグラムは，量的データの度数分布表をグラフにしたものになります。

図7を見てみましょう。これは，表5（p. 26）の身長の度数分布表について，縦軸を度数（人数），横軸を階級としてグラフ化したものになります。ヒストグラムでは，棒の面積が，それぞれの階級の度数に比例します。

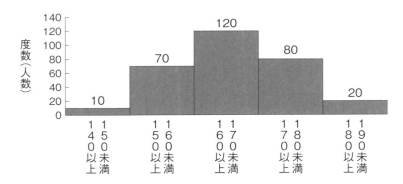

図7

・円グラフ

円グラフは，割合を示すときに用いられます。

よく見かけるグラフだと思います。しかし，割合の読み取りに間違いが生じやすいため，使用するのは望ましくないとされています。棒グラフや帯グラフなどを使った方がよいで

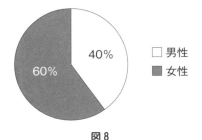

図8

しょう。

　図8は先ほどの（p. 24 表1），ある大学の心理学科に在席する学生の性別の割合をグラフにしたものになります。

・帯グラフ

　帯グラフは，円グラフと同様に割合を示すときに使われます。円グラフとの違いは，割合をいくつか並べて比較するときに使うという点が挙げられます。年代によって傾向が異なるか知りたいときなどに便利です。もし，円グラフをいくつも並べたとしたら，年代の違いは一目で読み取りにくいものになります。

　図9は，友人関係の満足度について，小学生から大学生におこなったアンケートをまとめたグラフです。

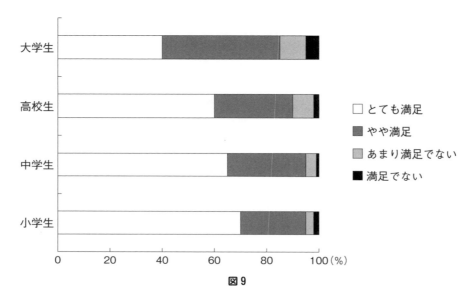

図9

・散布図

　散布図はあまり見慣れないグラフかもしれません。しかし心理学ではよく用いるグラフです。2つのデータの関係性について表すグラフです。

　図10は，身長と体重の関係をまとめたものになります。

　このグラフの説明をしたいと思います。横軸を身長，縦軸を体重とします。そして，Aさんの身長が170 cm で体重が75 kg だとしたら，そのクロスするところに点を打ちます。これがAさんのデータです。そして，Bさんの身長が165 cm で体重が60 kg だとしたら，そのクロスするところに点を打ちます。これがBさんのデータです。

　このようにして，10人のデータがあれば，10個の点が打たれることになります。こうしてできたのが散布図になります。散布図の形によって，2つの変数の関係性がどのようなものか読み取ることができます。この場合は，身長と体重の関係について読み取ることができます。読み取り方については，後の相関分析（p. 49）のところで説明します。

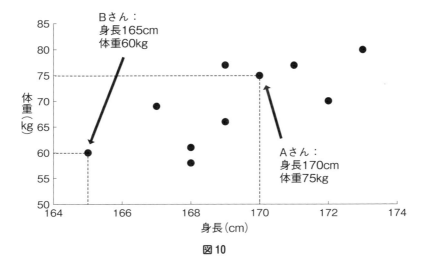

図10

　ここでは，いくつかのグラフの種類を紹介しましたが，他にも多くの種類があります。そして，それぞれ，どのようなときにどのグラフを用いればよいかが決まっています。大事なことなので，それもセットで覚えるようにしてください。とりあえず，ここで紹介したグラフについて，特徴と例を合わせてまとめておきます（表7）。

表7

種類	特徴	例
棒グラフ	カテゴリー毎の度数や平均値を示す	悩みごとがあった場合に相談する人の度数
折れ線グラフ	平均値などの変化を示す	自分自身を好きな度合い
ヒストグラム	量的データの度数分布を示す	身長の分布
帯グラフ	いくつかのグループの割合を示す	小学生から大学生における友人関係の満足度
散布図	2つのデータの関連を示す	身長と体重の関連

練習問題4

　それでは，先ほどの練習問題3（p.27）の社交性得点の度数分布表のデータを用いて，ヒストグラムを作成してみましょう。縦軸と横軸の数字やラベルを忘れないようにしてください。

コラム2　累積度数と相対累積度数

　先ほど（p. 26）出てきた身長の度数分布表を再掲します。これをもとに，累積度数と相対累積度数を説明することにしましょう。

表8（表5再掲）

階級（cm）	度数	相対度数（%）	累積度数	相対累積度数（%）
140 以上 150 未満	10	3.3	10	3.3
150 以上 160 未満	70	23.3	80	26.7
160 以上 170 未満	120	40.0	200	66.7
170 以上 180 未満	80	26.7	280	93.3
180 以上 190 未満	20	6.7	300	100.0
合計	300	100.0		

　累積度数とは，その階級までの度数をすべて足し合わせた数になります。例えば，上の表で150 以上 160 未満の階級の累積度数は，その階級の度数とその前の階級の度数を足し合わせたものになります。つまり，70 + 10 = 80 です。また，160 以上 170 未満の階級の累積度数は，その階級の度数とその前の階級の度数と，さらに前の階級の度数を足し合わせたものになります。つまり，120 + 70 + 10 = 200 です。つまり，階級がいくつであっても，ある階級とそれ以前の階級の度数をすべて足し合わせたものが累積度数となります。

　そして，相対累積度数とは，ある階級の累積度数が，全体の中でどのくらいのパーセンテージなのかを示しています。例えば，150 以上 160 未満の階級の相対累積度数は，80 でした。そこで，80 が全体（300）の中でどのくらいのパーセンテージなのかを算出します。つまり，(80 ÷ 300) × 100 = 26.7（%）となります。この指標を見ることによって，全体の何パーセントがどのあたりにおさまっているか知ることができます。例えば，160 cm 以上 170 未満の相対累積度数は 66.7 なので，全体の約 67% の人が 170 cm 未満であるといったことを把握することができます。

コラム3　電卓での2乗の計算方法

　普段，電卓を使用することがあまりないかもしれませんが，大学によっては，統計の授業で電卓を使って計算するようなことがあるかもしれません。そのときに覚えておくと便利なことを1つ紹介します。

　それは，2乗の計算方法です。2の2乗を計算したいときは，「2」「×」「2」と打てば，確かに2の2乗が計算できます。しかし，2.145625 の2乗のときはどうでしょうか。「2.145625」「×」「2.145625」と打つと計算できますが，いちいち打つと間違うかもしれませんし，なによりも，面倒ですよね。

　このようなときは，「2.145625」「×」のあとに「＝」と打ちましょう。数字を2回打たなくとも，2乗を計算することができます。

3章　データをまとめてみる（記述統計量編）

　ここでは，データを特定の指標にまとめる方法について説明します。2章では，図表にまとめる方法を説明しましたが，ここで説明するような数値にまとめる方法も重要です。なお，まとめた数値のことを，**記述統計量（要約統計量）**といいます。

　記述統計量の主なものに，**代表値**と**散布度**があります。そこで，まずはこの2つについて説明します。この2つは，データ全体の特徴を表す指標です。次に，標準化得点について説明します。これは，データ全体の特徴ではなく，ある1つのデータの特徴について表す指標です。

3-1　代表値

　代表値はデータを代表してその特徴を示す値のことで，主なものに**平均値**，**中央値**，**最頻値**があります。なお，それぞれ特徴があり，使い分ける必要があります。それについても説明をおこないます。大事なことなので，しっかりと覚えてください。

3-1-1　平均値

　平均値は普段の生活の中でも見聞きし，また，使用する指標だと思います。いわゆる，「データをすべて足して，データの個数で割る」というあれです。

　実は，平均値といった場合，他にも種類があります。皆さんが知っているのは「相加平均（算術平均）」です。ここでは，皆さんが知っているその「相加平均」の説明をおこないます。

　さて，さっそくですが，実際に計算してみましょう。

　ある週の平日に研究室を訪ねてきた学生の数（表9）の平均値を算出してみたいと思います。

表9

月曜日	火曜日	水曜日	木曜日	金曜日
2	5	8	3	9

　各曜日の学生の数をすべて足し合わせると，$2 + 5 + 8 + 3 + 9 = 27$ となります。そして，データの数が5なので5で割ります。すると，$27 ÷ 5 = 5.4$ となります。これをまとめて書くと，平均値＝$(2 + 5 + 8 + 3 + 9) ÷ 5 = 27 ÷ 5 = 5.4$ となります。

　大量のデータが並んでいても全体像を把握しきれませんが，平均値という指標にまとめることによって，ぐっと把握しやすくなります。

3-1-2　中央値（メジアン，メディアン）

　中央値とは，データを小さい順，もしくは大きな順に並べ替えたときに，真ん中にくる値のことです。

　例えば，先ほどの，ある週の平日に研究室を訪ねてきた学生の数の中央値の場合，

```
2，5，8，3，9
     ↓（並び替え）
2，3，5，8，9
```

になります。つまり，中央値は5です。平均値とは値が異なっているのが確認できると思います。

　これは奇数の場合で，真ん中の数字があるので簡単でした。それでは，偶数の場合はどうなるのでしょうか。

　偶数の場合，例えば，

```
2，5，8，3
     ↓
2，3，5，8
```

になり，このような場合は，3と5の間をとって4が中央値になります。

```
2，5，8，5
     ↓
2，5，5，8
```

の場合は，真ん中の両脇が5なので5になります。

　ちなみに，偶数の場合の真ん中の値の出し方ですが，両脇の数字を足して2で割れば（つまり平均値を出せば）OKです。

```
1，5，7，9
```

であれば，真ん中の両脇にある5と7を使い，$(5 + 7) \div 2 = 12 \div 2 = 6$なので中央値は6です。

```
1，5，8，9
```

であれば，$(5 + 8) \div 2 = 13 \div 2 = 6.5$なので中央値は6.5です。

3-1-3　最頻値（モード）

　最頻値とは，データを度数分布表（p. 26で出てきました）にまとめたときに最も度数が大きいところ（つまり数が多いところ）の階級の値（階級値）のことです。もう一度p. 26の度数分布表をここにもってきましょう。

　一番度数が大きいところは160以上170未満の階級でした（表10）。なお，この階級の階級値

は，（160 ＋ 170）÷ 2 ＝ 330 ÷ 2 ＝ 165 です。つまり，この場合の階級値は 165 なので，最頻値は 165 ということになります。

表 10（表 5 再掲）

階級 （cm）	度数	相対度数（%）	累積度数	相対累積度数（%）
140 以上 150 未満	10	3.3	10	3.3
150 以上 160 未満	70	23.3	80	26.7
ココ➡160 以上 170 未満	120	40.0	200	66.7
170 以上 180 未満	80	26.7	280	93.3
180 以上 190 未満	20	6.7	300	100.0
合計	300	100.0		

3-2 散布度

　散布度は，データの散らばり具合を示す値のことで，**分散**，**標準偏差**，**四分位範囲**，**レンジ**，などがあります。ここでは，それぞれについて説明していきます。なお，代表値と同じように，それぞれ特徴があり，使い分ける必要があります。

3-2-1 分散

　分散や標準偏差は心理学でよく出てくる重要な指標です。統計学全体においても，きわめて重要な指標といえます。ここでは，それぞれその特徴を説明していきましょう。

　分散とは，平均値を基準としたデータの散らばりを示す値です。例えば，データが平均値の近くに集まっている場合と，データが平均値の近くに集まっておらず，ばらばらになっている場合では，同じ平均値であってもデータの全体像が違いますよね。

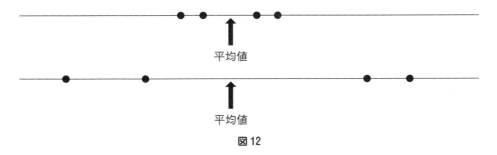

平均値

平均値

図 12

　このときの散らばりの程度を分散という指標で示すことができます。つまり，分散という 1 つの数値によって，データがまとまっているか，散らばっているかを表すことができます。

　それでは，分散の計算方法を説明します。平均値に比べると，けっこう面倒かもしれません。順に説明していくので，1 つ 1 つしっかりと理解してください。

　それでは，ある週の平日に研究室を訪ねてきた学生の数の分散を算出してみたいと思います。これは，先ほど（p.35）の平均値のところで使用したデータです。

コラム4　グラフのごまかし

　グラフはダイレクトに読み手にイメージを与えます。そのため，適切に，誤解のないように，グラフを作成する必要があります。しかし，世の中（メディアなど）には，グラフを意図的にいじることによって，印象を操作しようと悪用する人が少なくありません。そのため，グラフを見るときは，そのグラフが適切な表現になっているか，気をつけて見る必要があります。そのためにも，メディアリテラシーを身につける必要があります。関連書籍はいくつもありますので，ぜひとも読んで，その能力を身につけて欲しいと思います。なお，研究者は常に誠実にグラフを用いなければいけないことはいうまでもありません。心理学を学んでいる皆さんも，もちろん適切にグラフを用いる必要があります。

　ここに，円グラフのごまかしの例を挙げておきます。どこがおかしいかわかりますよね？

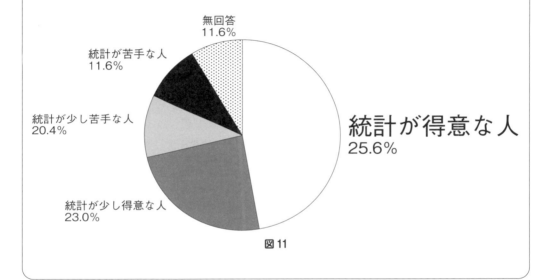

図11

| 2 | 5 | 8 | 3 | 9 |

　次に，平均値を算出します。これはすでに計算しているので，今回は説明しません。

　　　平均値＝（2 ＋ 5 ＋ 8 ＋ 3 ＋ 9）÷ 5 ＝ 27 ÷ 5 ＝ 5.4

　さて，ここからが重要です。分散は，平均値からの散らばり具合を示す指標です。
ですから，平均値とそれぞれの数値の差を算出してみることにします。

　　　　2 － 5.4 ＝ －3.4
　　　　5 － 5.4 ＝ －0.4
　　　　8 － 5.4 ＝ 2.6
　　　　3 － 5.4 ＝ －2.4
　　　　9 － 5.4 ＝ 3.6

　これで，それぞれの数字と平均値との差，つまりズレ[3]が出そろいました。
　もし，それぞれの数字が平均値から離れているのであれば，差の数字は大きくなり，もしそれぞれの数字が平均値の近くにあるのであれば，差の数字は小さくなるわけです。

　さて，それでは平均値とのズレを足し合わせることにします。つまり，すべての数値の平均とのズレをすべてまとめてしまうのです。このことにより，全体としてのズレの程度を算出することができます。もし，数値がすべて平均値の近くにあれば，ズレを足し合わせても数値は小さくなります。もし，数値が平均値の近くから遠くまでバラバラであれば，ズレを足し合わせると数字は大きくなります。

　ただし，実はこのまま足し合わせると問題が生じてきます。
　実際に足し合わせてみましょう。

　　　　（－3.4）＋（－0.4）＋（2.6）＋（－2.4）＋（3.6）
　　＝ －3.4 － 0.4 ＋ 2.6 － 2.4 ＋ 3.6
　　＝ 0

　答えは 0 になってしまいます。平均値とのズレは，平均値よりも大きい方と小さい方の両方があるため，足し合わせると 0 になってしまうのです。これでは困るので，マイナスの記号をどうにかする必要があります。
　さて，マイナスをプラスにする方法は何があるでしょうか。絶対値を思い浮かべた人もいるかもしれません。2 乗を思い浮かべた人もいるかもしれません。ここでは，2 乗を用います。2 乗とは，同じ数字を掛け合わせることで，3 の 2 乗は 3 × 3 ＝ 9 であり，$3^2 ＝ 9$ というように表します。－5 の 2 乗であれば，（－5）×（－5）＝ $(-5)^2 ＝ 25$ です。

　さて，それでは先ほどの差の 2 乗を計算してみましょう。

3　このようなズレを**偏差**といいます。

$$(-3.4) \times (-3.4) = 11.56$$
$$(-0.4) \times (-0.4) = 0.16$$
$$2.6 \times 2.6 = 6.76$$
$$(-2.4) \times (-2.4) = 5.76$$
$$3.6 \times 3.6 = 12.96$$

これで，マイナスの記号は消えました。

今度は，これを足し合わせます。

$$11.56 + 0.16 + 6.76 + 5.76 + 12.96 = 37.2$$

これで，全体での平均値からのズレの程度が計算できました。ここまで来ればあと一息です。

　このズレの程度なのですが，ちょっと考えてみてください。平均値からのズレの程度が小さくても，そもそものデータの数が大きければ（つまりたくさんあれば），全体のズレの程度は最終的に大きくなりますよね？　チリもつもれば山となる，です。例えば，平均値との差が1や2であっても，それが100個あれば全体としては大きな値になります。そして，それはデータの個数が大きくなればなるほど，例えば，1,000個や10,000個となればなるほど，全体のズレの合計は大きくなってしまいます。
　そこで，データの数で，全体のズレの程度を調整します。つまり，全体のズレの程度を，データの数で割って，1個あたりの平均的なズレ幅を考えるのです。
　先ほどの全体のズレの程度は37.2でした。そして，データの数は5つでした。そこで，37.2を5で割ることにします。

$$37.2 \div 5 = 7.44$$

　ここで出てきた数字が分散です。つまり，2，5，8，3，9の分散は7.44ということになります。
　計算をまとめると以下になります。

$$分散 = ((2 - 5.4)^2 + (5 - 5.4)^2 + (8 - 5.4)^2 + (3 - 5.4)^2 + (9 - 5.4)^2) \div 5$$
$$= ((-3.4)^2 + (-0.4)^2 + (2.6)^2 + (-2.4)^2 + (3.6)^2) \div 5$$
$$= (11.56 + 0.16 + 6.76 + 5.76 + 12.96) \div 5$$
$$= 37.2 \div 5$$
$$= 7.44$$

3 - 2 - 2　標準偏差
　標準偏差は，分散と同じように，データの散らばり具合を示す指標です。「標準偏差」ではちょっと長いので，英語の表記である Standard Deviation を略した「**SD**」で表すことが多いです。分散の平方根を取った正（プラス）の値が標準偏差となります。分散が9であれば$\sqrt{9} = 3$，分散が25であれば$\sqrt{25} = 5$となります。

先ほどの 2，5，8，3，9 の標準偏差は，

$$標準偏差 = \sqrt{7.44} = 2.7276\cdots = 2.73$$

となります。

　なぜ分散の平方根をとるといったことをするのでしょうか。それは，分散の計算方法が関係してきます。分散の計算のときに，マイナスの符号をとるために平均値とデータの差を2乗しました。この時点で，単位が変わってしまっているのです。物の長さ（例えば cm）のズレを2乗した場合は，面積（cm^2）になってしまい，意味が変わってしまいます。また，人数（人）や反応時間（秒）の場合は，人数の場合は人^{2}という単位，反応時間であれば秒^{2}という単位になってしまいますが，そのような単位は存在せず，2乗したために意味がわからなくなってしまいます。

　そこで，一度は2乗しているものの，わかりやすいように元の単位に戻すために，分散の平方根をとり，それを標準偏差として利用しているのです。そうすることにより，元の単位に戻ります。人数（人）や反応時間（秒）であれば，理解は可能だからです。そのため，一般的には，分散よりも標準偏差の方を用いることが多いです。標準偏差は，平均値と組み合わせることによって，対象の分布の具合をより理解しやすくするという特徴があります。

　標準偏差は，正規分布（p.71）のところでまた登場します。

練習問題5

　　10人の大学生対象に，友人の数について聞いてみたところ，以下のような結果となったとします。平均値と分散，そして，標準偏差を算出してみましょう。

　　　　6，2，5，8，5，4，1，7，6，5

　　平均値 =（6 + 2 + 5 + 8 + 5 + 4 + 1 + 7 + 6 + 5）÷ 10 =（　　）

　　分散 =（(6 -　　)^2 +（2 -　　)^2 + …… +（5 -　　)^2）÷ 10

　　　　 =（(　　)^2 +（　　)^2 + …… +（　　)^2）÷ 10

　　　　 =（　　+　　+ …… +　　）÷ 10

　　　　 =（　　　）÷ 10

　　　　 =（　　）

　　標準偏差 = $\sqrt{（\quad）}$ =（　　）

3-2-3　四分位範囲

　四分位範囲は，中央値とセットで用いられます。まず，データを大きさの順に並べて，4等分することを考えてみましょう。小さい身長順に「前ならえ」をした場面を想像してみてください（図13）。そのとき，前から4分の1のところの人がBさん（Bさんより小さい人は全体の25%），4分の2のところの人がCさん（Cさんよりも小さい人は全体の50%），4分の3のところにいる人がDさん（Dさんよりも小さい人は全体の75%）だったとします。そして，それぞれに身長をたずねてみると，順に，158 cm，162 cm，168 cm だったとします。

　ここで，1つ目の境界値であるBさんの値は，第1四分位といいます。2つ目の境界値であるCさんの値は，第2四分位といいます。そして3つ目の境界値であるDさんの値は，第3四分位といいます。このとき，4分の1の人（Bさん）の身長である158cmと，4分の3の人（Dさん）の身長である168cmとの差の10が，四分位範囲ということになります。

　なお，4分の2のところのCさんの身長は，先ほどの中央値ということになります。中央値は，全体の真ん中の値でした。つまり，2分の1のところを示す値でした。これは，4分の2のところを示す値ということが可能です。つまり，中央値は，4等分したときの2つ目の境界となる値なので，第2四分位ということになります。

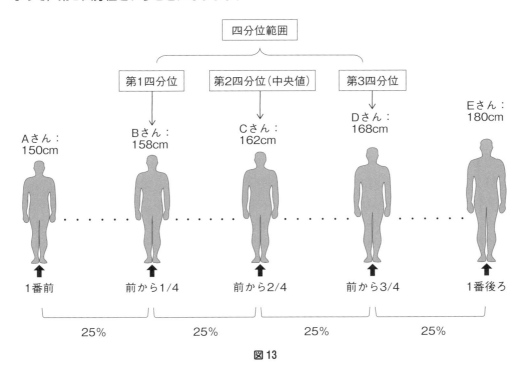

図13

3-2-4　レンジ

　レンジは，最小値と最大値の差です。身長順に前ならえをして，1番前の人が150cm，1番後ろの人が180cmだとしたら（図13参照），レンジは 180 − 150 = 30 なので，30 ということになります。

3-2-5　散布度はなぜ必要か

　代表値だけでなく，なぜ散布度も必要なのでしょうか。

　どちらも，大量のデータをまとめて理解しやすくするための指標と説明しました。そして，もちろん，代表値によって大量のデータをまとめてその特徴を示すことができています。しかし，大量のデータをまとめるときに，1つだけの指標では，不十分なことが多いのです。

　このような場合を考えてみてください。

　あるお店（チェーン店Aとしましょう）で，アルバイト代の平均値が1,000円だとします。そ

して，もう１つのお店（チェーン店Ｂとしましょう）で，アルバイト代の平均値は1,000円だとします。そうすると，チェーン店Ａの人もチェーン店Ｂの人も同じようにアルバイト代をもらっていると言えるでしょうか。

実際のＡ店のアルバイト代はこのような感じかもしれません。

1人目……	700 円
2人目……	850 円
3人目……	1,150 円
4人目……	1,300 円

Ｂ店はこのような感じかもしれません。

1人目……	950 円
2人目……	1,000 円
3人目……	1,000 円
4人目……	1,050 円

この場合，どちらも平均値は1,000円で間違いありません。しかし，実際にいくらもらっているかは，Ａ店とＢ店でずいぶん違うように思えるのではないでしょうか。

Ａ店は，アルバイトをはじめてしばらくは，思ったよりも安い時給しかもらえないかもしれません。逆に，長い間頑張れば思った以上にもらえるかもしれません（もちろん，それがいつになるかはわかりませんが）。Ｂ店は，アルバイトをはじめてすぐに，思ったくらいはもらえるかもしれません。しかし，長く頑張っても，思ったよりはもらえないかもしれません。

このように，平均値だけでは情報が不足します。そこで，散布度の出番です。ここで標準偏差を算出すると，Ａ店は237.2，Ｂ店は35.4となります（ちなみに分散はそれぞれ56250と1250）。そして，その値からは，Ａ店の方が散らばりが大きいことがわかります。代表値と散布度を組み合わせることによって，全体像がより把握しやすくなるのです。

3-3　代表値と散布度の指標の使い分け

代表値と散布度には，これまで説明してきたように，いくつかの種類があります。まず，その組み合わせを確認したいと思います。

平均値は標準偏差（または分散）と，中央値は四分位範囲とセットで用いられるのが基本です。分散や標準偏差は平均値を基準として計算しますし，中央値も四分位範囲も，４分割した（４分の１ずつに分けた）ところの値を用いているという点で共通しています。そのため，セットになるというのも理解できると思います。

そして，代表値と散布度のそれぞれの指標には，それぞれ特徴があります。そのため，どのようなときにどの指標を用いるかを知っていなければいけません。

例えば，平均値は，極端な値（**外れ値**とか異常値という言い方をします）があると，その値に引っ張られてしまうことが知られています。

　例えば，5 人のバイト代の平均値と中央値を比較してみましょう。ちなみに，5 人のバイト代は，700 円，700 円，700 円，700 円，2,600 円，とします。

　この場合，平均値は 1,080 円になります。5 人のうち 4 人が 700 円なのに，平均値は 1,000 円を超えるのです。もし，「バイト代の時給の平均値は 1,000 円以上です」，といった募集があったとしても，それは嘘ではありません。しかし，応募して働きはじめた人は，実感としては騙されたと思ってしまうかもしれません。

　ちなみに，この場合の中央値は 700 円です。この方が，実感としてはうまく全体を表しているように思うのではないでしょうか。

　このように，平均値を用いるのが適切でない場合もあり，その場合は中央値を用いるなどの方法を用いる必要があります。

　どの代表値を使うのが適切かを判断するためにも，データ全体の特徴を把握するときは，代表値や散布度だけでなく，ヒストグラムなどのグラフも合わせて見ることが大事です。それによって，外れ値を見つけたりすることも容易になります。

3 - 4　標準化得点と偏差値

　標準化得点（z 得点）は，これまでの指標とはちょっと異なります。これまでの指標は，データ全体の特徴を示す値でした。しかし，標準化得点は，集団の中の「ある 1 つ」のデータの特徴を示します。具体的な例で説明しましょう。

　A さんが心理学概論の試験で 75 点を，心理統計法の試験で 75 点をとった場合を考えてみましょう。この場合，どちらも受講者の中で同じくらいの位置づけといえるでしょうか。

　もし，受講者全体での心理学概論の試験の平均値が 75 点で，心理統計法の平均値が 60 点だとしたらどうでしょうか（表 11）。A さんは，心理学概論は平均的だったけれども，心理統計法はそこそこよかったということになります。このように，同じ 75 点だとしても，位置づけは異なることになります。

表 11

	心理学概論	心理統計法
A さんの点数	75	75
受講者の平均値	75	60

　さて，A さんは，心理学基礎実験の授業で 75 点をとり，受講者全体での心理学基礎実験の平均値は 60 だったとしましょう（表 12）。

表 12

	心理学概論	心理統計法	心理学基礎実験
A さんの点数	75	75	75
受講者の平均値	75	60	60

　一見，心理統計法も心理学基礎実験も，同じくらいの位置づけのようにも見えます。しかし，もし，標準偏差が表 13 のような場合はどうでしょうか。

表 13

	心理学概論	心理統計法	心理学基礎実験
Aさんの点数	75	75	75
受講者の平均値	75	60	60
受講者の標準偏差	10	10	20

　心理統計法の標準偏差は 10 なので，Aさんは，平均値プラス 1 標準偏差（つまり，60 + 10 = 70）よりも得点が高いということになります。心理学基礎実験の標準偏差は 20 なので，Aさんは平均値プラス 1 標準偏差（つまり，60 + 20 = 80）よりは得点が低いということになります。つまり，同じ平均値と点数であっても，標準偏差が異なれば，その点数の意味が異なってきます。このように，全体の中での位置づけを知るには標準偏差も必要となります。

　それでは，その位置づけを具体的数値で表すにはどのようにしたらよいでしょうか。そこで出てくるのが，標準化得点です。標準化得点の計算の式は以下のとおりです。

　　　　標準化得点＝（当該データ－平均値）÷標準偏差

　標準化得点は，「0 だと平均値と同じ」，「プラスだと平均値よりも上」，「マイナスだと平均値よりも下」，ということを示します。また，0 から離れるほど，平均値よりも離れることになります。そのため，標準化得点を見ることにより，標準偏差を基準として，個々のデータが集団の中でどのような位置づけにあるのか知ることができます。

　さて，心理統計の平均値が 60 点，標準偏差が 10 のときに，Aさんの心理統計法の得点が 75 の場合の標準化得点は以下のようになります。

　　　　$(75 - 60) \div 10 = 15 \div 10 = 1.5$

　心理学基礎実験の平均値が 60 点，標準偏差が 20 のときに，Aさんの心理学基礎実験の得点が 75 の場合の標準化得点は以下のようになります。

　　　　$(75 - 60) \div 20 = 15 \div 20 = 0.75$

　なお，心理学概論の場合は，標準化得点は以下のようになります。

　　　　$(75 - 75) \div 10 = 0$

表 14

	心理学概論	心理統計	心理学基礎実験
Aさんの点数	75	75	75
Aさんの標準化得点	**0**	**1.5**	**0.75**
受講者の平均値	75	60	60
受講者の標準偏差	10	10	20

なかなか標準化得点のイメージがしにくいかもしれません。そのような場合は，偏差値を思い

浮かべてみてください。50 だと平均的，60 だとそこそこ上位，70 だと結構上位，40 だと……。偏差値だと，数字と位置関係がなんとなくわかりますよね。それと同じような感じです。対応関係は下のようになります。

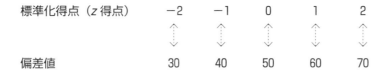

実は，偏差値は，標準化得点の特殊な形なのです。教育現場で使いやすいように標準化得点をある方法で変換したものが偏差値となります。その方法とは，標準化得点を 10 倍して，50 を足すといった方法です。つまり，偏差値＝標準化得点× 10 ＋ 50 で算出できます。

Ａさんの偏差値は，心理学概論の場合，0 × 10 ＋ 50 ＝ 50 になります。心理統計法の場合，1.5 × 10 ＋ 50 ＝ 65 です。心理学基礎実験の場合，0.75 × 10 ＋ 50 ＝ 57.5 です。こうしてみると，なんとなく位置づけがわかるのではないでしょうか。

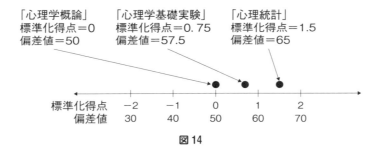

図 14

このように，異なった基準のデータの中にある特定の値について，その位置づけについて比較検討できるところに，標準化得点の意味があります。普段あまり見慣れない指標かもしれませんが，重要な指標の 1 つといえます。

なお，ＡさんだけでなくＢさんの心理統計の標準化得点が 0.8，Ｃさんの標準化得点が −2.0，といったように，すべての受講者の心理統計の得点について標準化得点を算出したとします。そして，全員の標準化得点の平均値と標準偏差を算出すると，その平均値は 0 に，標準偏差は 1 になります。逆に，そうなるように変換したのが，標準化得点なのです。

練習問題 6

標準化得点と偏差値を算出してみましょう。

「心理学の授業を履修している人の小テスト前の勉強時間（分）をたずねたところ，平均値が 160，標準偏差が 40 だった。そして，Ｐさんは，小テスト前の勉強時間（分）は 180 だった。Ｐさんの値を標準化するといくらになるか。また，偏差値にしてみるとどうなるか」。

標準化得点＝（　　　−　　　）÷（　　　）＝（　　　）÷（　　　）＝（　　　）
偏差値＝ z 得点× 10 ＋ 50 ＝（　　　）× 10 ＋ 50 ＝（　　　）＋ 50 ＝（　　　）

練習問題 7

　標準化得点と偏差値を算出してみましょう。

「心理学の授業を履修している人の小テスト前の勉強時間（分）をたずねたところ，平均値が 160，標準偏差が 40 だった。そして，Qさんは，小テスト前の勉強時間が 200 分だった。Qさんの測定値を標準化するといくらになるか。また，偏差値にしてみるとどうなるか」。

　　　標準化得点＝（　　　－　　　）÷（　　　）＝（　　　）÷（　　　）＝（　　　）

　　　偏差値＝z得点×10＋50＝（　　　）×10＋50＝（　　　）＋50＝（　　　）

練習問題 8

　標準化得点と偏差値を算出してみましょう。

「心理学の授業を履修している人の小テスト前の勉強時間（分）をたずねたところ，平均値が 160，標準偏差が 10 だった。そして，Rさんは，小テスト前の勉強時間が 180 分だった。Rさんの測定値を標準化するといくらになるか。また，偏差値にしてみるとどうなるか」。

　　　標準化得点＝（　　　－　　　）÷（　　　）＝（　　　）÷（　　　）＝（　　　）

　　　偏差値＝z得点×10＋50＝（　　　）×10＋50＝（　　　）＋50＝（　　　）

コラム 5　イメージとリアルと

　先ほど本文の中で，身長について触れました。日本人の成人男性の身長の平均値は，約 170 cm です。アメリカ人やフランス人の男性の身長の平均値はどのくらいだと思いますか。実は，約 175〜176 cm です。もっと高いというイメージをもっていたのではないでしょうか。日本人との違いはそこまで大きくありません。イメージと現実の違いがよくわかる例だといえます。

　あともう一つ。日本を世界の中では小さな島国だと思っている人が多くいるようです。ほんとうに日本は小さいのでしょうか。実際は，約 230 ある国の中で，上から約 60 位です。つまり，上位 4 分の 1 ぐらいです。フィンランドやノルウェーよりも大きいのです。九州はオランダよりちょっと小さいくらいの大きさです。北海道の面積はオランダの 2 倍あります。

　いかに私たちのイメージがあいまい（そして正しくない）かを示す例ではありますが，このように，イメージではなく客観的数値を扱い，物事を，そして世界を読み解いていくことが大事です。

コラム6　平均値の数式と算出方法

平均値の算出方法を式で表すと下のようになります。これを見ただけで，「ウワっ」と思う人がいるかもしれませんが，とりあえず説明を読んでみてください。

$$\bar{X} = \frac{\sum_{i=1}^{n} X_i}{n}$$

$\bar{X}$ は平均値を表します。

$\sum_{i=1}^{n} X_i$ は，「式 X_i の中の i を1からはじめて1ずつ増加させ，i が n になるまで，X_i の和をとる」ということを意味しています。書き換えると，以下のようになります。

$$\sum_{i=1}^{n} X_i = X_1 + X_2 + X_3 + \cdots\cdots X_n$$

例えば，X が5つ目まであり，X_1 が2，X_2 が5，X_3 が8，X_4 が3，X_5 が9の場合，

$$\sum_{i=1}^{n} X_i = 2 + 5 + 8 + 3 + 9 = 27$$

ということになります。早い話，すべてを足し合わせればよいのです。

そして，分母の n は，データの数を意味しています。統計では，ある記号がある意味を示すといったルールがあります。今後も様々なところで見かけると思うので，覚えておいてください。

さて，話は戻って，先ほどの27を n で割ると平均値になります。n は5なので，$27 \div 5 = 5.4$ ですね。

先ほど本文で説明した計算と同じ計算になっていると思います。皆さんがよく知っている平均値は，実はこのような式で表されています。

数行かけて平均値の算出方法を説明してきましたが，それらを冒頭の数式1つで表すことができるのです。このように，意味を要約して表すことができるというのが，数式の意義の1つだといえます。

コラム7　歪度と尖度

代表値以外にもいくつかの指標があります。**歪度**と**尖度**は，データの分布がどのような形であるかを示す指標です。

歪度は，分布が右か左かどちらに偏っているかを示す指標です。左右対称であれば歪度は0であり，ピークが左側に来て右側に裾野が広い場合は正（プラス）の値となり，ピークが右側に来て左側に裾野が広い場合は負（マイナス）の値になります。なお，歪度が正の値の場合は正の歪み（あるいは右への歪み），負の値の場合は負の歪み（あるいは左への歪み）といった言い方をします。

尖度は，（後に出てくる）正規分布よりも尖っているか，それともなだらかで平坦かを示す指標です。3であれば（統計分析ソフトウェアによっては，0とすることもあります），正規分布と同程度であり，負の値であればそれより平べったく，正の値であればそれよりも尖っているということになります。

あまり見かけない指標かもしれませんが，重要な指標の1つです。

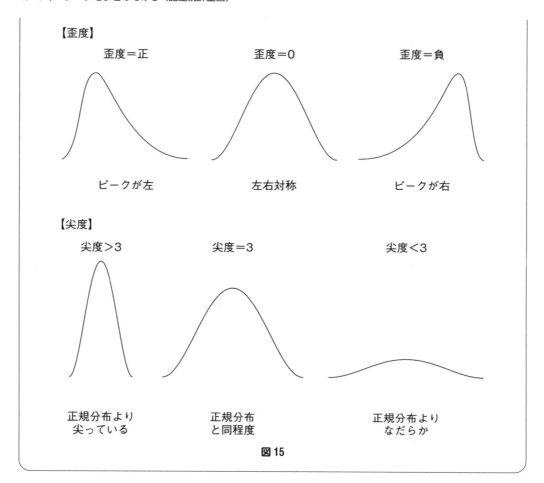

図 15

4章　相関分析とピアソンの積率相関係数

　これまでは，１つのデータの特徴を示す指標について説明をしてきました。

　今回ここで説明するのは，２つのデータを組み合わせた特徴を示す指標についてです。２つの
データの関連について示す指標といいかえることもできます。そのときに用いる分析方法を**相関
分析**といいます。そして，その分析の結果を示す指標の１つに，**ピアソンの積率相関係数**があり
ます。

4-1　相関分析とは

　親しい友人が多いほど大学生活は充実しているのだろうか，または，親しい友人が多いほど普
段遊ぶ友人も多いのだろうかといった素朴な疑問をもったことがあるかもしれません。相関分析
を用いると，このような，２つのデータの関連について明らかにすることができます。そして，
関連があるとしたらその関連の強さはどの程度なのかも明らかにすることができます。相関分析
により，その関連の仕方について客観的な指標で表すことができるのです。

　なお，相関分析にはいくつかの種類があり，どの尺度によって測定されたデータかによって関
連の程度を示す指標が異なります。以下にまとめてみました。

- ２つの変数が間隔尺度か比例尺度→ピアソンの積率相関係数
- ２つの変数が順序尺度　　　　　→スピアマンの順序相関係数
- 一方の変数が順序尺度でもう一方の変数が間隔尺度または比例尺度
　　　　　　　　　　　　　　　　→スピアマンの順序相関係数
- 名義尺度と名義尺度　　　　　　→ファイ係数

　このように，尺度の組み合わせによって算出することができる指標が変わってくるため，自分
が扱っているデータがどの尺度によるものなのか，しっかりと把握しておくことが大事になりま
す。

4-2　相関の有無，強さ，そして正と負

　相関分析では，「関連があるかないか」，「強いか弱いか」，そして，「正か負か」といった点につ
いて読み解いていく必要があります。

　まずは，関連があるかないかです。もし，親しい友人が多いほど大学生活は充実している（親しい友人が少ないと大学生活は充実していない）のであれば，親しい友人の多さと大学生活の充実度は関連があるといえます。つまり，片方が大きくなったり小さくなったりすると，それにともなってもう片方も大きくなったり小さくなったりするのであれば，関連があるということになります。また，親しい友人が多くても少なくても大学生活の充実の程度に違いがないのであれば，親しい友人の多さと大学生活の充実度は関連がないといえます。つまり，片方が大きくなったり小さくなったりしても，もう片方の変数には変化がなければ，相関がない（**無相関**）ということになります。

　その際に，関連の方向性についても読み取ることができます。片方が大きいともう片方も大きいという関係なのか，それとも，片方が大きいと片方が小さいという関係であるかを明らかにすることができます。例えば，親しい友人の数と大学生活の充実度の関連において，親しい友人の数が多い人ほど大学生活が充実しているという関係，つまり，片方が大きいともう片方が大きいという関係がある場合は，その関連を**正の相関**といいます。また，親しい友人の数と日常での孤独感の関連において，親しい友人の数が多い人ほど孤独感を感じないといった関係，つまり，片方が大きいと片方が小さいという関係がある場合は，その関連を**負の相関**といいます。

　さらに，関連の強さについても読み取ることができます。これは簡単にいえば，2つの変数の結びつきがとても強いか（強く連動しているのか），それとも結びつきが弱いか（連動しているがそれほどでもないのか）について知ることができます。例えば，親しい友人の数が多い人は少ない人に比べて，とても大学生活が充実している（親しい友人の数が多い人は，ほとんどの人は大学生活が充実しており，大学生活が充実していない人がいたとしても少数）というのであれば強い相関となります。また，親しい友人の数が多い人は少ない人に比べて多少は大学生活が充実している（親しい友人の数が多い人は，どちらかというと大学生活が充実しているが，大学生活が充実していない人もそれなりにいる）というのであれば，弱い相関ということになります。そして，親しい友人の数が多い人も少ない人も大学生活の充実の程度は変わらない，というのであれば，無相関ということになります。

　このように，2つのデータの相関については，まず，関連があるかないか，ある場合にその関連は正か負か，そして，関連が強いか弱いかといった観点から考えていく必要があります。

4-3　相関と散布図

　さて，相関の有無や強さ（そして正か負か）は，散布図によってもある程度読み取ることが可能です。散布図は以前出てきましたが（p. 31）覚えているでしょうか。あの，いくつもの点のある図です。

　散布図では，そのいくつもの点の分布が円に近ければ無相関，直線に近ければ強い相関を表します。その間は楕円形となり，円に近いものから直線に近いものまで段階的に変化します。

　また，楕円や直線の傾きが右肩上がりであれば，それは正の相関であることを示します。逆に，楕円や直線の傾きが右肩下がりであれば，それは負の相関であることを示します。

　相関の強さと散布図を対応させてみたので，対応関係を確認してみてください（図16）。

　データを分析する前に，まず散布図を作ってみることによって，どのような相関があるのかを把握することができます。

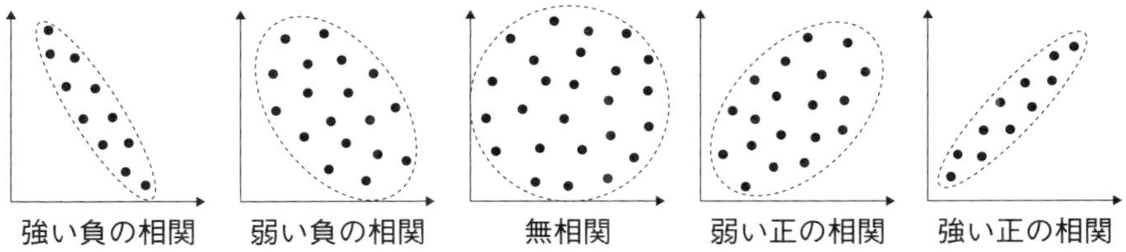

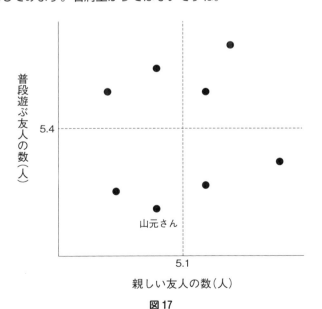

図16

それでは，データと散布図，そして相関の対応について見ていきましょう。ここでは，「親しい友人の数」と「普段遊ぶ友人の数」に関連があるかどうか検討するという内容で話を進めたいと思います（表15）。なお，親しい友人の数の平均値は5.1，普段遊ぶ友人の数の平均値は5.4です。

表15

	親しい友人の数	普段遊ぶ友人の数
山元さん	4	2
田中さん	2	7
中川さん	6	3
小原さん	3	3
川下さん	9	4
島元さん	7	9
木田さん	4	8
田端さん	6	7

これを散布図にしてみます。右肩上がりではないですね。

図17

右肩上がりでも右肩下がりでもないので，無相関ということになります。この場合，親しい友人の数の平均値の5.1と，普段遊ぶ友人の数の平均値の5.4を基準にして分けた4つのブロック（破線で分けたところです）を見てみると，4つのブロックそれぞれに2つずつデータがあるこ

とがわかると思います。

　それでは，次のような場合はどうでしょうか。今度は，「親しい友人の数」と「大学生活の充実感」に関連があるかどうか検討するという内容で話を進めたいと思います。なお，大学生活の充実感は，10点満点（0から10点）で測定したとします（表16）。

表16

	親しい友人の数	大学生活充実感
山元さん	4	6
田中さん	2	2
中川さん	6	7
小原さん	3	3
川下さん	9	8
島元さん	7	5
木田さん	4	1
田端さん	6	3

　なお，親しい友人の数の平均値は5.1，大学生活の充実感の平均値は4.4です。

　これを散布図にしてみると，右肩上がりのグラフになることが確認できます（図18）。

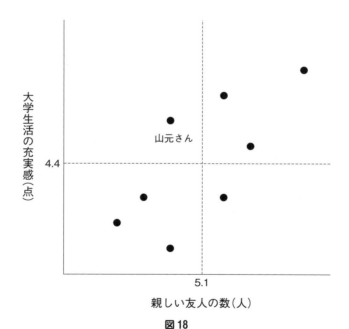

図18

　右肩上がりのグラフなので，正の相関があるということになります。この場合，親しい友人の数の平均値である5.1と，大学生活の充実感の平均値の4.4を基準にして分けた4つのブロック（破線で分けたところです）を見てみると，右上と左下のブロックに8つのデータの内6つのデータがあることがわかると思います。

　このように，無相関であればそれぞれのブロックにデータがばらつき，もし正の相関があれば右上と左下にデータが集まり，そして，もし負の相関があれば左上と右下にデータが集まるとい

うことになります。この性質を使って，相関分析はおこなわれます。

4 - 4　ピアソンの積率相関係数の読み取り

　2つのデータの関連については，相関分析によって客観的な指標で表すことができます。そして，親しい友人の数と大学生活の充実感の関連のような関連を見るときに用いられるのが，ピアソンの積率相関係数です。心理学でもよく用いられる主要な指標の1つです。

　ピアソンの積率相関係数は，2つの変数が間隔尺度か比例尺度のときに2つの変数の関連性を示す指標で，r で表します。r は −1から1の範囲をとります。そして，r が0だと2つの変数に関係がない（つまり無相関）ということを意味します[4]。そして，−1に近いほど，負の相関が強く，+1に近いほど，正の相関が強いということを意味します。−1であれば完全な負の相関，+1であれば完全な正の相関です。つまり，ピアソンの積率相関係数を計算してその値が +0.8 であれば，+1に近いので，正の相関で，かつ関連は強いということになります。そして，−0.2 であれば，0の方に近くしかもマイナスの値なので，負の相関で，かつ関連は弱いということになります。

　ここで，r の値について，どの程度であれば強いといってよいのか，どの程度であれば相関がないといってよいのか，心理学でよく用いられる基準を示しておきましょう[5]。

　　　$-0.2 < r < 0.2$ ……………………………… 無相関
　　　$-0.4 < r \leqq -0.2$ もしくは $0.2 \leqq r < 0.4$ …… 弱い相関
　　　$-0.6 < r \leqq -0.4$ もしくは $0.4 \leqq r < 0.6$ …… 中程度の相関
　　　$-1.0 \leqq r \leqq -0.6$ もしくは $0.6 \leqq r \leqq 1.0$ …… 強い相関

これだとわかりにくいかもしれませんので，図でも表してみましょう（図19）。

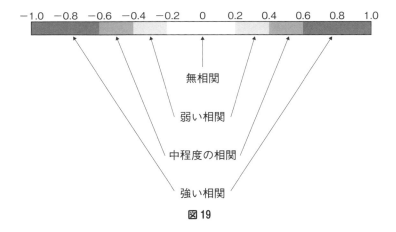

図19

　このように，r の大きさによって，その関連の強さを知ることができますし，符号によってその関連が正か負かを知ることができます。

4　厳密にはちょっと違います。コラム9を見てください。
5　他の基準もあります。

　なお，統計の世界では，数値が1を超えないものについては，整数部分を省略してしまうことが一般的です。例えば，ピアソンの積率相関係数も，−1から1の範囲しか値をとらないため，絶対値で1を超えません。そのため，$r = 0.6$ であれば，$r = .6$ と表すのが一般的です。$r = -0.5$ であれば，$r = -.5$ と表します。今後はそのように表記するので覚えておいてください。

4-5　ピアソンの積率相関係数の算出方法

　さて，それではピアソンの積率相関係数を算出してみましょう。先ほどの「親しい友人の数」と「大学生活の充実感」のデータ（p.52）を使います（表17）。

表17（表16再掲）

	親しい友人の数	大学生活充実感
山元さん	4	6
田中さん	2	2
中川さん	6	7
小原さん	3	3
川下さん	9	8
島元さん	7	5
木田さん	4	1
田端さん	6	3

　まず，親しい友人の数と大学生活充実感のそれぞれについて，平均値を引いてみましょう。

表18

	親しい友人の数−平均値	大学生活充実感−平均値
山元さん	4 − 5.1	6 − 4.4
田中さん	2 − 5.1	2 − 4.4
中川さん	6 − 5.1	7 − 4.4
小原さん	3 − 5.1	3 − 4.4
川下さん	9 − 5.1	8 − 4.4
島元さん	7 − 5.1	5 − 4.4
木田さん	4 − 5.1	1 − 4.4
田端さん	6 − 5.1	3 − 4.4

↓

表19

	親しい友人の数−平均値	大学生活充実感−平均値
山元さん	−1.1	1.6
田中さん	−3.1	−2.4
中川さん	0.9	2.6
小原さん	−2.1	−1.4
川下さん	3.9	3.6
島元さん	1.9	0.6
木田さん	−1.1	−3.4
田端さん	0.9	−1.4

 ← （A）

　それでは，親しい友人の数の方の差と大学生活の充実感の方の差の数字を掛けてください。

表 20

	（親しい友人の数−平均値）×（大学生活充実感−平均値）
山元さん	−1.76
田中さん	7.44
中川さん	2.34
小原さん	2.94
川下さん	14.04
島元さん	1.14
木田さん	3.74
田端さん	−1.26

　これで，親しい友人の数と大学生活の充実感のそれぞれの平均値からのズレを掛けたものができました。つまり，それぞれの人の，親しい友人の数と大学生活の充実感の両方を考慮したズレの程度ということになります。

　さて，それではこれを全員分足し合わせましょう。

$$（−1.76）＋7.44＋2.34＋2.94＋14.04＋1.14＋3.74＋（−1.26）＝28.62$$

　これで，全体のズレ具合が算出できました。

　ここで，この全体のズレ具合を，データの数（今回は 8 です）で割ります。

$$28.62 ÷ 8 ＝ 3.578$$

　これを**共分散**といい，2 つの変数の結びつきを示す値となります。ただ，このままでは使いにくいので（コラム 10 参照），さらに計算を進めます。

　この共分散を，親しい友人の数と大学生活の充実感の標準偏差で割ります。標準偏差は，先ほどの計算途中にある平均値との差（A）を使って算出しましょう。以前（p. 39）も説明したように，標準偏差は，データと平均値の差の 2 乗を足し合わせて，最後にデータの数で割り，さらに平方根をとると算出できます。

　さて，親しい友人の数の標準偏差を算出してみましょう。

親しい友人の数の標準偏差

$$= \sqrt{((−1.1)^2 + (−3.1)^2 + 0.9^2 + (−2.1)^2 + 3.9^2 + 1.9^2 + (−1.1)^2 + 0.9^2) ÷ 8}$$
$$= \sqrt{(1.21 + 9.61 + 0.81 + 4.41 + 15.21 + 3.61 + 1.21 + 0.81) ÷ 8}$$
$$= \sqrt{36.88 ÷ 8}$$
$$= \sqrt{4.61}$$
$$= 2.15$$

　さて，今度は大学生活の充実感の標準偏差を出してみましょう。同様に，先ほどの計算途中の平均値との差を使っていきます。

大学生活の充実感の標準偏差

$$= \sqrt{(1.6^2 + (-2.4)^2 + 2.6^2 + (-1.4)^2 + 3.6^2 + 0.6^2 + (-3.4)^2 + (-1.4)^2) \div 8}$$

$$= \sqrt{(2.56 + 5.76 + 6.76 + 1.96 + 12.96 + 0.36 + 11.56 + 1.96) \div 8}$$

$$= \sqrt{43.88 \div 8}$$

$$= \sqrt{5.485}$$

$$= 2.34$$

さて，あと一息です。

先ほど算出した共分散 3.578 を，親しい友人の数の標準偏差である 2.15 と大学生活の充実感の標準偏差である 2.34 を掛け合わせたもので割ります。

$$r = \frac{3.578}{2.15 \times 2.34} = \frac{3.578}{5.031} = 0.711$$

この .711 が，親しい友人の数と大学生活の充実感のピアソンの積率相関係数です。今回の値は .6 よりも大きい値です。しかも，正の値です。つまり，このことから，親しい友人の数と大学生活の充実感には「強い正の相関がある」と判断することができます。

　図 18（p. 52）を再度見てみましょう。右肩上がりであれば，右上のブロックでの親しい友人の数のズレは正の値で，大学生活の充実感のズレも正の値なので，その掛け合わせた数は正の値になります。また，左下のブロックでの親しい友人の数のズレは負の値で，大学生活の充実感のズレも負の値なので，その掛け合わせた数は正の値になります。ですから，それらを足し合わせると正の数になります。つまり共分散は正の値になり，そのため，最終的に相関係数も正の値になるのです。

　もし，右肩下がりであれば，右下のブロックでの親しい友人の数のズレは正の値で，大学生活の充実感のズレは負の値なので，その掛け合わせた数は負の値になります。また，左上のブロックでの親しい友人の数のズレは負の値で，大学生活の充実感のズレは正の値なので，その掛け合わせた数は負の値になります。ですから，それらを足し合わせると負の数になります。つまり共分散は負の値になり，そのため，最終的に相関係数も負の値になるのです。

　そして，もし偏りなくばらついているとしたら（相関がみられないとしたら），右上のブロックはズレの掛け合わせが正の値，右下のブロックが負の値，左上のブロックが負の値，左下のブロックが正の値なので，すべてを足し合わせると，相殺し合って正負のどちらにも偏らずゼロになっていきます。つまり，相関係数 $r = 0$ ということになり，無相関を示すことになります。

　図 20 とてらしあわせて確認しておいてください。

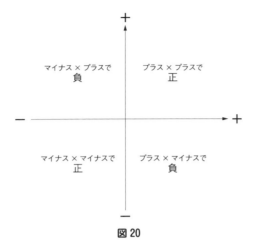

図20

練習問題 9

　「親しい友人の数」と「普段遊ぶ友人の数」の関連性の例のデータ（p. 51）に対して，ピアソンの積率相関係数を算出して，どのような関連性があるか読み取ってみましょう。なお，「普段遊ぶ友人の数」の標準偏差は 2.50 です。

コラム 8　相関係数の絶対値での表記

　先ほどのピアソンの積率相関係数の強さの基準について，絶対値（p. 206 ノート 5）を使って表すと，以下のようになります。

　　　　無相関……………… $|r| < .2$　（つまり，$-.2 < r < .2$）
　　　　弱い相関………… $.2 \leq |r| < .4$　（つまり，$-.4 < r \leq .2$ もしくは $.2 \leq r < .4$）
　　　　中程度の相関…… $.4 \leq |r| < .6$　（つまり，$-.6 < r \leq -.4$ もしくは $.4 \leq r < .6$）
　　　　強い相関………… $.6 \leq |r| \leq 1$　（つまり，$-1.0 \leq r \leq -.6$ もしくは $.6 \leq r \leq 1.0$）

コラム 9　ピアソンの積率相関係数を算出してはいけない場合

　ピアソンの積率相関係数は，2つの変数が曲線的な関係にある場合は算出しても意味がありません。例えば，下の図のような場合です。

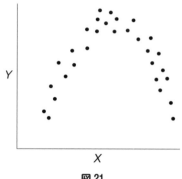

図 21

　このような場合（これは馬蹄形といいます）は，r を算出すると 0 に近い値になり，無相関ということになってしまいます。しかし，X と Y は何かしらの関係がありそうです。そこで，X 軸（横軸の方です）の平均値で分割してから右側と左側でそれぞれ算出する，などといった方法を用いる必要があります（他にも方法はあります）。

　また，外れ値がある場合も，相関分析をおこなうことは不適切とされています。外れ値とは，他のデータから1つだけかけ離れた値を取るデータのことを意味します（図 22）。これには測定ミスやデータの入力ミスなど，いくつかの原因があります。この外れ値があると，これに引っ張られてしまい，ピアソンの積率相関係数を算出するのが不適切になってしまう場合があります。

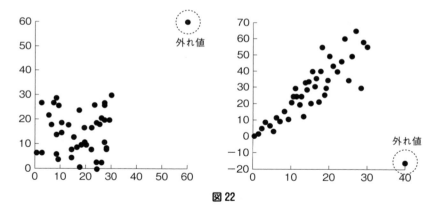

図 22

　なんにせよ，分析前には散布図を作成して，ピアソンの積率相関係数を算出してよいかどうか，確認しておく必要があります。そして，もしピアソンの積率相関係数を算出するのに問題がありそうな場合は，データを分割したり，もしくは，スピアマンの順序相関係数を算出したりするなどの対応が必要となります。

コラム 10　共分散と相関係数

　共分散は，相関分析をはじめ様々な統計分析の中でよく出てくる重要な指標です。しかし，単独の指標としては使いにくい点があります。それは，値の大きさがそのまま関連の強さとして読み取ることができないという点です。

　身長と体重と痩せ願望のデータの関連を例に，共分散とピアソンの積率相関係数の関係を見てみましょう。

　　例1：身長（cm）と体重（kg）の共分散とピアソンの積率相関係数を算出してみたところ，共分散＝ 17.6，ピアソンの積率相関係数＝ .61 になりました。そして，ピアソンの積率相関係数からは，身長（cm）と体重（kg）には強い相関があることがわかります。
　　例2：身長（cm）と痩せ願望（0〜100点）の共分散とピアソンの積率相関係を算出してみたところ，共分散＝ 21.3，ピアソンの積率相関係数＝ .16 になりました。そして，ピアソンの積率相関係数からは，身長（cm）と痩せ願望には相関がないことがわかります。

　しかし，例1と例2の共分散を見比べてみると，身長（cm）と体重（kg）の共分散の方が身長（cm）と痩せ願望（0〜100点）の共分散よりもその値が小さいことが確認できます。このように，共分散の値の大小は関連の強さを示さないため，ピアソンの積率相関係数の大小と逆転してしまうことがあるのです。

　次の例を見てみましょう。先ほど身長は cm の単位で扱いましたが，これをm単位で扱うことにしてみます。つまり，160 cm は 1.6 m にするということです。

　　例3：身長の単位を変換し，身長（m）と体重（kg）の共分散とピアソンの積率相関係数を算出してみたところ，共分散＝ 0.176，ピアソンの積率相関係数＝ .61 になりました。

　ピアソンの積率相関係数は先ほどと変わらず，身長（m）と体重（kg）には強い相関があることがわかります。ここで共分散を見てみると，共分散は 0.176 であり，例1に比べて小さく（100分の1）になっています。このように，単位を変えると，関連の強さは同じなのに，共分散の値の大きさは変わってしまうのです。

　このように，共分散は関連の強さを示すという点では使いにくい点があるため，表に出てくることが少ない指標ではあります。しかし，2つのデータの結びつきの大きさを示す重要な指標です。今後，統計の学びを深めていくうちに，何度も出会うことでしょう。

コラム 11　相関分析と推測統計

　ピアソンの積率相関係数に対しては，一般的には推測統計による検定もセットでおこなわれます。しかし，推測統計についてはまだ本編で説明していません。そこで，改めて17章で説明したいと思います。まずは，このまま読み進めていってください。もし，推測統計をすでに知っていて，相関分析の結果に対する推測統計について勉強したいという人は，17章まで飛んで読んでください。

第3部　推測統計編

　ここでは，推測統計について説明します。心理学など様々な分野で用いられるものですが，記述統計と異なり，日常生活で見かけることはほとんどないと思われます。なぜ推測統計が必要なのか，まずはサンプリングの話から順に説明していきます。

5章 サンプリング

　これまで説明してきた内容は，手元にあるデータの性質や特徴について明らかにするための統計手法に関するものでした。これは，前にも説明したように記述統計といいます。しかし，心理学では，それとは異なる**推測統計**という手法も用います。ここではまず，なぜ推測統計が必要かについて説明します。

5−1　調査の種類（全数調査と標本調査）

　さて，私たちが何かを知ろうとして調査をおこなうとき，誰を対象とするかを考えなければいけません。大学生の何かを知りたいのであれば，大学生を対象とするでしょうし，小学生の何かを知りたいのであれば，小学生を対象とするでしょう。ある病気の人について知りたいのであれば，その病気になっている人を対象とするでしょう。

　しかし，実際に調査をおこなおうとした場合，すべての対象に対して調査をおこなうことはできるのでしょうか。例えば，全国の大学生を対象に調査することは可能でしょうか。小学生だとどうでしょう。ある病気の人は？

　実際には，すべての人を対象にすることはきわめて難しいことです。そのため，対象としたい人達のなかの一部分の人達だけを対象に調査がおこなわれることが多いです。この，一部だけを対象に調査をおこなうことを**標本調査**といいます。そして，本来対象としたかった人達全員を対象とする調査を**全数調査**（悉皆調査）といいます。

　それぞれ特徴があるので，説明していきます。まず，特徴をまとめたものが下の表21になります。

表 21

全数調査	標本調査
• 全員を対象にデータを集める	• 一部を対象にデータを集める
• データを直接解釈することができる	• 統計的推測が必要となる
• 実施は非常に大変	• 実施は比較的容易

　全数調査は，先ほども説明したように，調べたい対象すべてを調査します。その場合は，得られたデータをそのまま解釈することが可能です。例えば，男性の平均値が女性の平均値よりも○

ポイント大きいといった感じに，大小の比較や差の大きさをそのまま読み取って解釈することが可能です。しかし，とにかく実施が大変です。全国の小学生全員を対象にすることは，現実的には無理です。時間も，お金も，労力も，とにかくコストがかかります。全数調査の例としては皆さんの比較的身近なところでは国勢調査が挙げられますが，他はあまり目にすることがないかもしれません。

　一方，標本調査は，全数調査と違って知りたい対象の一部だけを対象にします。全国の小学生のうち，1,000人だけを抜き出して対象にするといったやり方です（この抜き出し方については注意が必要なのであとで説明します）。ただし，抜き出したからこそ，データをそのまま解釈することはできなくなります。全国の小学生約650万人のうち1,000人しか扱っていないので，本来知りたかったことそのものを知ることができないからです。

　例えば，ある学科の学生全員のアルバイト時間の平均値と，その学科の学生から3人抜き出してアルバイト時間の平均値を算出した場合では，数値は一致しませんよね？　そのため，そのズレを考慮してもともと知りたかったことを知るために，記述統計ではなく，統計学的推論を用いた推測統計が必要になってくるのです。なお，標本調査は一部だけを対象にするので，全数調査に比べると実施は比較的容易です。

　このように，全数調査と標本調査の両者はそれぞれ特徴があります。コストの点から，心理学の研究の多くにおいて（演習や卒業論文なども），標本調査がおこなわれます。なお，心理学に限らず，教育学，社会学，医学などにおいても，実施される調査の多くが標本調査です。全数調査はなかなかおこなわれません。

5-2　サンプリング

　さて，心理学では標本調査が一般的という話をしましたが，標本調査がどのようなものか，その大枠について簡単に説明しましょう。

　日本に住んでいる小学生650万人のうち，スマートフォンをもっている割合を調べたいとします。この場合，日本に住んでいる小学生全体のことを**母集団**といいます。しかし，先ほどから説明しているように，母集団の全員を対象にすることはできません。そこで，一部だけ抜き出します。例えば，1,000人の小学生を選んで，その人たちを対象にスマホをもっているかどうか調査したとします。この場合，その1,000人の対象を**標本（サンプル）**といい，そして，その1,000人を全体から抜き出すことを**抽出（サンプリング）**といいます。なお，サンプルのデータの数（人数）[6]のことは，「**サンプルサイズ**」という言い方をします。例えば，サンプルが100人の場合は，「サンプルサイズが100」といいます。

　図にしてみると，図23のようになります。左の円が母集団です。つまり，もともと知りたい対象です。小学生650万人が該当します。そこからサンプリングをおこないます。そして，右の円がサンプルで，実際に対象にした1,000人が該当します。

　なお，サンプリングにはいくつかの方法がありますが，一番シンプルなのは，小学生約650万

6　人数以外のこともあります。

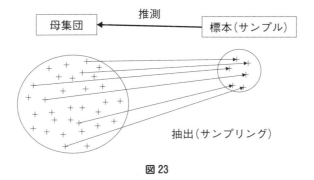

図 23

人に順番に番号をふって，あとはコンピュータなどでランダムに数字を 1,000 個なら 1,000 個選び，その選ばれた番号の人を対象とするといった方法です。この選ばれた 1,000 人が標本ということになります。なお，市町村に一度順番に数字をふって市町村をいくつか選んでから，そこに住んでいる小学生を対象に再び順番に番号をふってそこからランダムに抽出するといった方法，さらに，小学生全体の男女比とサンプルの男女比が同じになるように抽出する方法などもあります。

　さて，1,000 人を対象として調査をおこなうことにより，サンプルである 1,000 人分のデータが手元にあることになります。もちろん，この 1,000 人のデータをもとに，スマホをもっている割合を計算したり，図表を作成したりすることは可能です。しかし，それは，あくまでも手元の 1,000 人のデータについてのみの説明となります。本来知りたかったのは，小学生 650 万人の母集団の方なのですが，その母集団でのスマホをもっている割合はこのままではわかりません。そこで，手元の 1,000 人のデータから母集団 650 万人の性質や特徴を推測する必要がでてきます。つまり，1,000 人のスマホをもっている割合から 650 万人のスマホを持っている割合を推測する必要があるのです。図 24 の上の方に書いてある部分になります。

　このような，サンプルのデータから母集団の特徴を推測するときに用いるのが，推測統計という方法になります。つまり，手元にある限られたデータから本来知りたかったことを知ろうとするときに役立つのが推測統計なのです。その際には，**有意性検定（統計的仮説検定）**というものが使われたりします。

　なお，データの抽出が適切でなかった場合には，分析したとしてもその結果に意味がなくなるので注意してください。例えば，宇宙人が地球にやってきて，地球人の身長を測定して母星にデータを送ったとします。その際，もし着地したところがバレーボールの会場の近くで，そして，身長を測定したのが男性のバレーボール選手だったとしたらどうでしょうか。その選手たちの身長をもとに，「地球人の身長の平均値は約 200 cm だ」と判断してしまったとしたら，それは間違った推測になります。しかしそれは推測の間違いではなく，サンプリングの間違いなのです。大学生のおしゃれにかける費用を知りたいというときに，都会のおしゃれな街を歩いていた大学生を対象に調査して，その値をもって全国の大学生の傾向とするのはおかしいですよね？　サンプリングの際には，偏りのないように注意する必要があります（コラム 12 参照）。

5 - 3　母集団のパラメータ（母数）と標本統計量

　さて，ここで，母集団と標本のデータの関係性について，平均値を使って簡単に説明しておき

ましょう。

　母集団の平均値があるとします。これは，全数調査をしない限り未知のものとなります。なお，母集団を特徴づける変数を**母集団のパラメータ（母数）**といい，母集団の平均値を**母平均**といいます。さて，ここから一度サンプリングをおこないましょう。そして，平均値を算出します。例えば，67点だとします。このような標本の特徴を表す変数を**標本統計量**といい，標本における平均値は標本平均値ともいいます。それではもう一度サンプリングをおこないましょう。そして，平均値を算出します。例えば，平均値が58点だとします。これを何度も何度も繰り返したとします。すると，サンプルから算出した平均値，つまり標本統計量は，ある値を中心に分布します（これを**標本分布**といいます）。そして，その何度も得られた平均値の値を使って，さらに平均値を算出してみます。すると，61.5になったとします。この値は，母平均と一致すると考えられています。このように，標本の平均値の平均値と母平均が一致することを，**不偏性**があるといいます。この性質を使って，推測統計はおこなわれます（図24）。

　推測統計は，手元のデータからその背景にあるものの性質や特徴や構造を知ることができる有用なツールといえます。

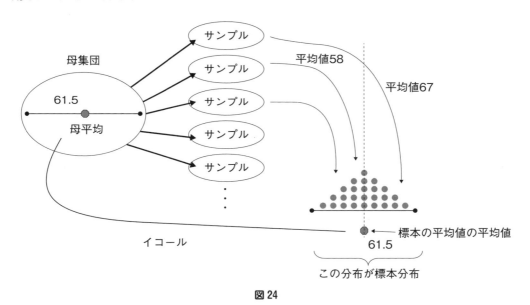

図24

コラム12　偏りのないサンプリングのために

　サンプリングは偏りがないようになされる必要があります。そのための方法を，**無作為抽出（ランダムサンプリング）**といいます。これは，適当という意味ではないので注意してください。なお，ランダムサンプリングには，いくつかの種類（単純無作為抽出法，層別抽出法など）があります。

　無作為抽出をおこなうためには，乱数表を用いたり，コンピュータを使って，人の意図が入らないようにしなければいけません。人がランダムだと思って抜き出しても，なかなかうまくはいかないものです。例えば，0から9までの数字の中から適当に数字を抜き出します。これを，100回繰り返します。すると，適当に抜き出したはずなのに，抜き出された数字の個数にけっこう大小が生じているのではないでしょうか。本当にランダムならば，すべての数字が同じくらい抜き出されるはずであるにもかかわらずです。

　もう1つの例を考えてみましょう。1から6までの数字の中から適当に数字を抜き出すことを12回繰り返してみてください。本当は，ある数字が12回中まったく出現しない確率は11.2%あるのですが[7]，おそらく，1から6まですべての数字が出現しているのではないでしょうか。また，2回連続で出現した数字はなかったのではないでしょうか。本当は，ある数字の次も同じ数字が出現する確率は16.7%あるのですが，なんとなく同じ数字が続くのを避けてしまったのではないでしょうか。このように，人の行動には偏りが生じるため，ランダムにするには乱数表やコンピュータを用いる必要があります。

7　ある数字が出現しない確率は5/6で，それが12回生じる確率は $(5/6)^{12} = 11.2\%$ となります。

6章 確率と正規分布

本格的に具体的な推測統計の説明に入っていく前に，正規分布について説明しておきます。正規分布は，確率分布の1つです。ここでは，確率について簡単に確認し，それから正規分布について説明をおこないます。推測統計には確率がついてまわりますので，一度基本をおさえておくことが必要です。なお，ここでは確率の中でも，今後の推測統計の学びに先立ち最低限必要なことに絞って説明していきます。

6-1 確率とは？

確率は，以下の式で表されます[8]。

条件を満たす場合の数÷全体の場合の数

例えば，くじが10本あって，当たりくじが2本の場合に当たりの出る確率を考えると，全体の場合の数は10，当たりという条件を満たす場合の数は2なので，$2 \div 10 = 0.2$となります。つまり，20％の確率ということになります（パーセンテージの算出方法について必要な人はノート1（p.205）を参照）。

それでは，6面のサイコロで偶数が出る確率はいくらでしょうか。全体の場合の数は6です。条件を満たす場合の数は，2と4と6の3つです。つまり，$3 \div 6 = 0.5$なので50％となります。

6-2 確率分布

ある値と，そのとりうる確率を合わせて**確率分布**といいます。例えば，6面サイコロを何度も何度もふった場合に，目の数が1の場合の確率，2の場合の確率，…といったように，それぞれの目に対応して確率が決まってきます（表22）。これが確率分布です。ちなみに，この目の数といった値を**確率変数**といいます。

8　ただし，ある場合の生じる可能性が同様に確からしいときに限られます。10本のくじがあり，どのくじの出方も均等に起こりえる，つまり，特定のくじが出やすかったり出にくかったりしない，というときに限られます。

表22

確率	1/6	1/6	1/6	1/6	1/6	1/6
サイコロの目	1	2	3	4	5	6

　それでは，今度はコインを5枚投げたときの，表の出る確率をそれぞれ見ていきましょう（表23）。

表23

表の数	出方の種類					出方の数	確率	割合	％
0	裏裏裏裏裏					1	1/32	0.03	3.1
1	表裏裏裏裏	裏表裏裏裏	裏裏表裏裏	裏裏裏表裏	裏裏裏裏表	5	5/32	0.16	15.6
2	表表裏裏裏　表裏表裏裏	表表裏裏裏　裏表裏表裏	表裏裏表裏　裏表表裏裏	表裏裏裏表　裏裏表裏表	裏表表裏裏　裏裏裏表表	10	10/32	0.31	31.3
3	表表表裏裏　表裏裏表表	表表裏表裏　裏表表表裏	表裏表表裏　裏表表裏表	表裏表裏表　裏表裏表表	表裏裏表表　裏裏表表表	10	10/32	0.31	31.3
4	表表表表裏	表表表裏表	表表裏表表	表裏表表表	裏表表表表	5	5/32	0.16	15.6
5	表表表表表					1	1/32	0.03	3.1

　表の数が0の確率はいくらでしょうか。表が0というのは5枚とも裏の場合で，1パターンのみとなります。つまり，表が0という条件条件を満たす場合の数は1となります。ちなみに，全パターンは32となるので，1/32が表が0の確率となります。計算すると3.1％です。

　表の数が1の確率はいくらでしょうか。表が1というのは5枚のうちどれかが表の場合で，5パターンあります。つまり，表が1という条件を満たす場合の数は5となります。ちなみに，全パターンは32となるので，5/32が表が1の確率となります。同様に，表の数が2になる確率は，10/32，表の数が3になる確率は10/32，表の数が4になる確率は5/32，そして，表の数が5，つまり5枚とも表になるのは1パターンで，確率は1/32となります。なお，この場合は表の数が

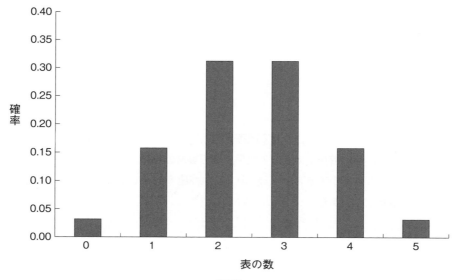

図25

確率変数です。

　このように，表の目の変化，つまり確率変数の変化にともない，その事象が生じる確率は変動します。先ほど説明したように，この確率の変動のことは確率分布といいます。

　ここで，それぞれの確率をグラフにしてみましょう。横軸に確率変数を，縦軸にそれぞれの確率を表すと図 25 のようになります。

　このように，確率分布はグラフに表すことが可能です。推測統計において，この確率分布は重要になってきます。

6 - 3　正規分布

　ここでは正規分布の説明をおこないます。統計分析できわめて重要な確率分布の 1 つです。正規分布とは，理論的に作成された分布で，左右対称のベル型（釣り鐘型）の形の確率分布です（図 26）。

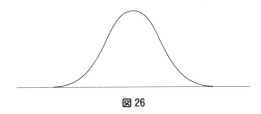

図 26

　身長や知能などのデータをヒストグラムにしてみると，形としてはこの正規分布に近いものになることが知られています。ただし，身長などの観側されたデータの度数分布と，ここで説明する正規分布といった確率の分布は別物であるので注意してください。

6 - 4　正規分布と標準偏差

　標準偏差は平均値と組み合わせて母集団と対応させて用いることにより，とても役立つものとなります。それでは図 27 を見てください。横軸の数字と，グラフの中の数字，そして下の数字に注目してください[9]。

　横軸は母集団の標準偏差（SD），つまり母標準偏差です[10]。真ん中は母集団の平均値（母平均）です。母平均とその右側の +1SD という数字の間のエリアには，34.1 という数字が書かれています。これは，母平均と，そこからプラス母標準偏差の 1 倍の間の値になる確率が 34.1%であるということを意味しています。

　例えば，ある集団の身長が正規分布に従っていて，その母平均が 170 で，母標準偏差が 10 だとしましょう。

$$母平均＋（1 ×母標準偏差）= 170 ＋（1 × 10）= 170 ＋ 10 = 180$$

9　まるめの誤差（p. 206　ノート 6 ）のため，数値の合計が一致しないところがあります。p. 73 の注 11 を参照してください。

10　本来は横軸のラベルは SD ではなく母 SD ですが，見やすさを優先して SD と表記しています。

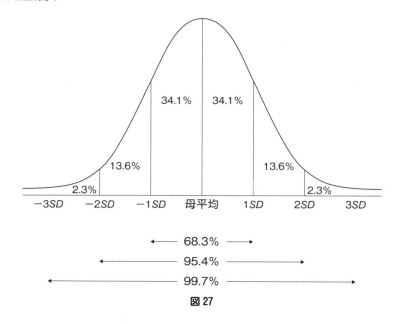

図 27

となるので，母平均とプラス 1 母標準偏差の間は 170 cm 〜180 cm ということになります。

　その場合，この集団において，ランダムに 1 人選択したときに，その人の身長が 170 cm から 180 cm である確率が 34.1%ということになります。逆に，34.1%の確率で 170 cm から 180 cm の身長の人が選択されるということになります。

　さて，ここで母平均よりも左側，つまりマイナスの側にも注目してみましょう。先ほどの図を見てみると，母平均と左側の −1SD という数字の間のエリアには，プラスのエリアと同様に 34.1 という数字が書かれています。左右対称です。これは，母平均と，そこからマイナス母標準偏差の 1 倍の間の値になる確率が 34.1%であるということを意味しています。

　例えば，ある集団の身長の母平均が 170 で，母標準偏差が 10 だとしましょう。

$$母平均 + (-1 \times 母標準偏差) = 170 + (-1 \times 10) = 170 + (-10) = 170 - 10 = 160$$

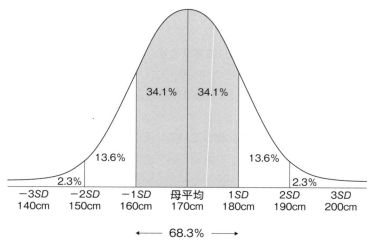

図 28

となるので，母平均とマイナス 1 母標準偏差との間は 160〜170 cm ということになります。

　その場合，この集団において，ランダムに 1 人選択したときに，その人の身長が 160 cm から 170 cm である確率が 34.1％ということになります。逆に，34.1％の確率で 160 cm から 170 cm の身長の人が選択されるということになります。

　さて，一般的には，標準偏差は平均よりも大きい方と小さい方のセットで扱われます。つまり，±1 の範囲（マイナス 1 からプラス 1 の範囲），といった使い方をします。先ほどのプラスのエリアとマイナスのエリアの両方を合わせたものになります。

　先ほどの場合は，±1 母標準偏差の範囲は，マイナスの側とプラスの側を合わせて 160 cm から 180 cm の範囲ということになります。そして，マイナスの側 34.1％とプラスの側の 34.1％を合わせると，68.3％ということになるので[11]（図 28），この集団において，ランダムに 1 人選択したときに，その人の身長が 160 cm から 180 cm である確率が 68.3％ということになります。逆に，68.3％の確率で 160 cm から 180 cm の身長の人が選択されるということになります。なお，身長がその範囲に当てはまらない人が，31.7％の確率で選択されるといった考え方もできます。

　それでは，母平均が 170 で，母標準偏差が 15 だとしましょう。

$$母平均 + (1 \times 母標準偏差) = 170 + (1 \times 15) = 170 + 15 = 185$$
$$母平均 + (-1 \times 母標準偏差) = 170 + (-1 \times 15) = 170 + (-15) = 170 - 15 = 155$$

となるので，この集団において，ランダムに 1 人選択したときに，その人の身長が 155 cm から 185 cm である確率が 68.3％ということになります。逆に，その集団では 68.3％の確率で 155 cm から 185 cm 身長の人が選択されるということになります。

　さて，もう一息。先ほどの図をもう一度見てみましょう。横軸の +1SD と +2SD の間のエリアには，13.6 という数字が書かれていますね。これは，+1 母標準偏差と +2 母標準偏差の間の値が観測される確率が 13.6％であるということを意味しています。つまり，母平均と +2 母標準偏差との間の値は，先ほどの分も合わせて，34.1+13.6 = 47.7％の確率で観測されるということになります。そうすると，−2 母標準偏差と +2 母標準偏差の間の値は，プラス側とマイナス側を合わせて 47.7 + 47.7 = 95.4％の確率で観測されるということになります。

　例えば，ある集団の身長の母平均が 170 で，母標準偏差が 10 だとしましょう。

$$母平均 + (2 \times 母標準偏差) = 170 + (2 \times 10) = 170 + 20 = 190$$
$$母平均 + (-2 \times 母標準偏差) = 170 + (-2 \times 10) = 170 + (-20) = 170 - 20 = 150$$

となるので，この集団において，ランダムに 1 人選択したときに，その人の身長が 150 cm から 190 cm である確率は 95.4％ということになります。逆に，その集団では 95.4％の確率で 150 cm から 190 cm の身長の人が選択されるということになります。身長がその範囲に当てはまらない人が（100 − 95.4 =）4.6％の確率で観測されるといった考え方もできます。

11　平均値とプラス 1SD の間は，小数第 2 位まで表すと 34.13％ なので，平均値とマイナス 1SD の間の分も合わせると 68.26％ となります。ここで小数第 2 位を四捨五入すると 68.3％ となります。このことについてはノート 6（p. 206）を参照してください。

　このように，母平均と母標準偏差がわかれば，どのくらいの範囲にどのくらいの確率でおさまるのかを知ることができます。

6-5　標準正規分布

　正規分布を標準化したものが**標準正規分布**です。標準正規分布においては 0 が平均値になります。そして，標準化得点が 0 から 1 までの値をとる確率が 34.1%，1 以上になる確率は（13.6 ＋ 2.3 ＝）15.9%になります（図29）。例えば，この集団において，ランダムに 1 人選択したときに，その人の標準化得点が 1 以上である確率は，全体の約 16%ということを意味します。

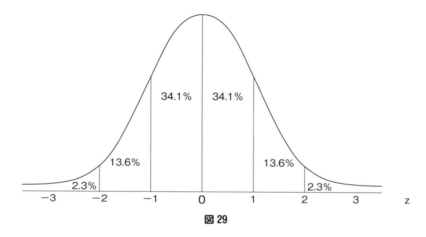

図29

　ところで，z 得点が 1 以上の確率は約 16%と説明しましたが，z 得点が 1 のとき，偏差値は，

$$1 \times 10 + 50 = 60$$

となります。つまり，偏差値 60 以上の確率は上位 16%ということになります。例えば，この集団において，ランダムに 1 人選択したときに，その人の偏差値が 60 以上である確率は，全体の約 16%ということを意味します。

コラム13　イメージとリアルと（その2）

　次の問題を解いてみましょう。

　6 面のサイコロの 3 つの面に○が，2 つの面に△が，1 つの面に×が書かれているとします。このサイコロを 2 つ転がしたときに，一番多く出る組み合わせは？　またその確率は？
　はじめの想像と違っていたのではないでしょうか。
（解答と解説は Web 版別冊（p. 201 参照）にアクセスしてください。）

7章　確率の読み取り

7-1　二項分布の確率の読み取り方

　今後の推測統計の際に必要となる確率の読み方について，ここで先に簡単に学んでおきましょう。ここでは**二項分布**を使って説明したいと思います。この分布は，コインを何枚かトスしたときの表の出る枚数の確率などが当てはまります。

　先ほど（p. 70）のコインを5枚投げたときのことを思い出してみてください。コインの表が5枚となる確率は，1/32でした。それでは，コインの表が4枚以上になる確率はいくらでしょうか。コインの表が4枚になる確率は5/32，コインの表が5枚となる確率は1/32なので，合わせて5/32 ＋ 1/32 ＝（5 ＋ 1）÷ 32 ＝ 6/32となります。

　コインの表が3枚以上になる確率はいくらでしょうか。コインの表が3枚になる確率は10/32，コインの表が4枚になる確率は5/32，コインの表が5枚となる確率は1/32なので，合わせて10/32 ＋ 5/32 ＋ 1/32 ＝（10 ＋ 5 ＋ 1）÷ 32 ＝ 16/32となります。

　図30にまとめてみたので確認してください。

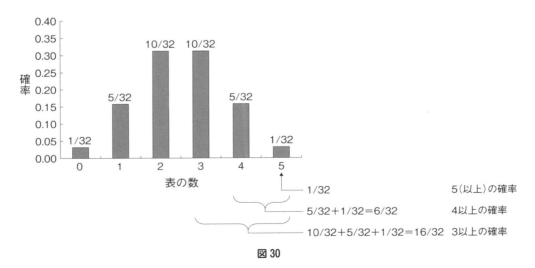

図30

練習問題 10

　コインを 5 枚投げたとき，表が 1 枚以下になる確率はいくらでしょうか。

---

7 - 2　標準正規分布の確率の読み取り方（z から確率を読み取る）

　次に，標準正規分布を使って練習したいと思います。標準正規分布とは，平均が 0 に，標準偏差が 1 になるように変換した正規分布のことです（p. 74 を参照）。6 章で簡単に説明しましたが，ここで改めて，標準正規分布の確率の読み取り方について説明します。

　下の標準正規分布のグラフ（図 31）を見てください。図で塗りつぶしているところの面積を確率と思ってください。全部塗りつぶしてあれば 100% とします。ここで，標準化得点である z の値によって，塗りつぶしの面積は変わってきます。つまり，確率が変わってきます。

　先ほどのコインの表裏の確率の場合は，確率変数が連続型ではなかったので（コインの表が 1.25 枚というのはありえず，1 枚，2 枚といった非連続的な値なので），それぞれの確率変数に対応する確率を導き出すことができました。しかし，標準正規分布の場合，確率変数は連続型のため（1.56720593 …といったように無限に細かくできるため），特定の 1 点の値に対応する確率を定めることができません。つまり，ある人の身長が 165 cm だったとして，それが観測される確率を考えるとき，その人の身長がぴったり 165 cm ということはありえないため（わかりやすくいうと 165.00000000000000000001 とか，もっと無限のレベルでの小さな差が存在しうるため），それに該当する確率も 1 点で定めることができないのです。

　そこで，ある範囲を区切って，その範囲に観測される確率として扱っていきます。

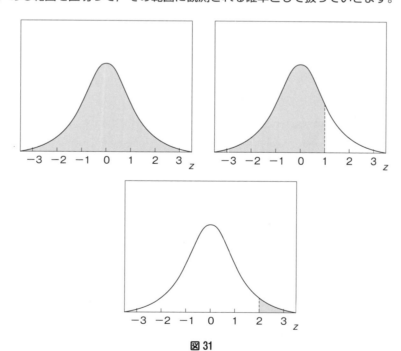

図 31

　それでは z がいくつのときに，面積は何%になるのでしょうか。いいかえると，z がある値以上のときの確率はどのくらいになるのでしょうか。それを知るには，標準正規分布表を見る必要があります。図 32 を見ながら読み取り方を確認していきましょう。

　なお，本来はもう少し細かな表を用いるのですが，ここではあえて簡略化したものを用いることにします。

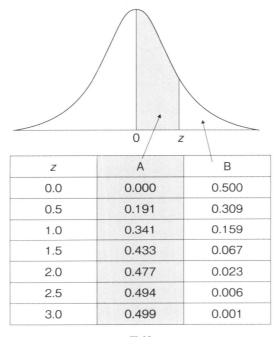

z	A	B
0.0	0.000	0.500
0.5	0.191	0.309
1.0	0.341	0.159
1.5	0.433	0.067
2.0	0.477	0.023
2.5	0.494	0.006
3.0	0.499	0.001

図 32

　ここでのAの数値は，全体の面積を 100%，つまり割合で 1 としたときの，真ん中（z = 0）から z までの面積を示しています。つまり図の中で塗りつぶしているところになります。Bの数値は，z よりも右側の面積を示しています。白い部分になります。

　さて，いくつかのパターンを確認してみましょう。

　例えば z が 0.5 だとします（図 33）。標準正規分布表で z が 0.5 のときのAの数値は，0.191 です。つまり，塗りつぶした方の面積は全体の 19.1% ということになります（小数点を 2 つ右にずらせばよいです）。これは，z が 0 から 0.5 の間の値をとる確率は 19.1% あるという意味になります。また，白いところの面積は，先ほどの表から 0.309 ということになります。つまり，30.9%になります。

　さて，ここで出てきた白いところの面積である 30.9%はどのような意味をもってくるのでしょうか。今回，z は 0.5 でした。そして，0.5 以上（0.5 の右側の白い部分）の面積は 30.9%でした。これは，z が 0.5 以上の値をとる確率は 30.9%あるという意味になります。

　なお，左半分の面積は 50%で，今回の右の塗りつぶしたところの面積は 19.1%なので，それを合わせた面積は 69.1%となります。100%から塗りつぶしの面積である 69.1%を引くと，30.9%となり，白いところの面積の値と一致することが確認できると思います。図で確認しましょう。

　さて，今度は，z が 1 だとします（図 34）。標準正規分布表で z が 1 のときの数値は，0.341 で

す。つまり，全体の 34.1%ということになります。ここで，左半分の面積は 50%で，今回右の塗りつぶした面積は 34.1%なので，それを合わせた面積は 84.1%となります。

　また，白いところの面積は，先ほどの表から 15.9%となります。これは，z が 1 以上の値をとる確率は 15.9%あるということになります。100%から塗りつぶしの面積である 84.1%を引くと，15.9%となり，一致することが確認できると思います。図で確認しましょう。

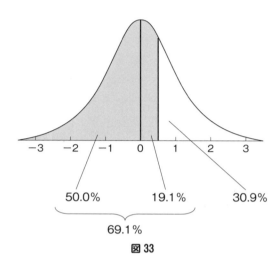

図 33

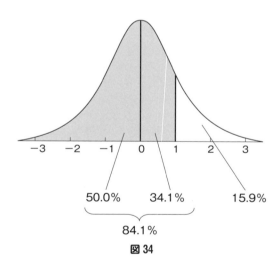

図 34

　さて，もう一つ。今度は，白いところを片方だけにせず，両側にも配置した場合を考えてみてください（図 35）。

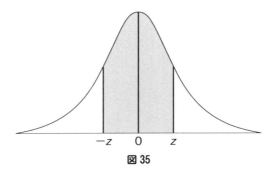

図 35

　ここで，*z* が 0.5 のときの *z* と −*z* で挟まれた塗りつぶしの面積と，*z* の右側と −*z* の左側の白いところの面積がいくらになるか考えてみましょう（図 36）。

　まず，塗りつぶしのところについて，右側だけ考えてみましょう。*z* が 0.5 なので，標準正規分布表で *z* が 0.5 のときの数値は，0.191 です。つまり，全体の 19.1%ということになります。ここで，左半分の塗りつぶしたところの面積は右と同じなので，全体の塗りつぶしの面積は 19.1 × 2 = 38.2 となります。そうすると，左右の塗りつぶしを合わせた面積は，38.2%になります。これはつまり，*z* が −0.5 から 0.5 の間の値をとる確率は 38.2% という意味になります。

　また，白いところについても，同様に考えてみましょう。右側だけ考えると，白いところの面積は，先ほどの表から 0.309 ということになります。つまり，30.9%になります。ここで，左半分の白いところの面積は右と同じなので，全体の白いところの面積は 30.9 × 2 = 61.8 となります。つまり，*z* が 0.5 以上または −0.5 以下の値をとる確率は 61.8% という意味になります。

　なお，100%から塗りつぶしの面積である 38.2%を引くと，61.8%となり，白いところの面積の値と一致することが確認できると思います。図で確認しましょう。

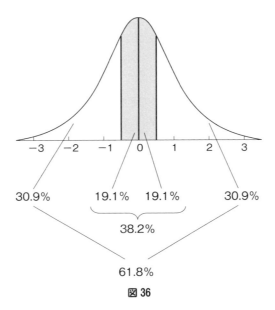

図 36

練習問題11

　　z が１の場合はどうでしょうか。z が１以上または −１以下になる確率を読み取ってみましょう。

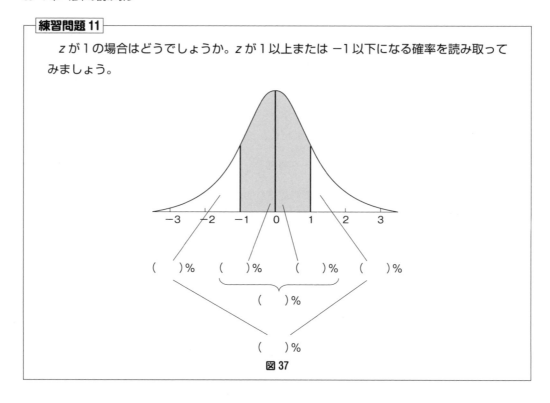

図37

7-3　標準正規分布の確率の読み取り方（確率から z を読み取る）

　さて，先ほどは z が特定の値の場合の確率を読み取ってきましたが，今度は逆の方向で見てみましょう。つまり，確率がいくらになる場合には z をいくらにしておけばよいのかということです。

　まず，片側だけの場合を考えてみましょう。今回は，右側の塗りつぶしが30％，白が20％のところで見てみることにします。ここからは，先ほどよりも細かい標準正規分布表を使っていきます。付録2の付表1「標準正規分布」（p. 207）を見てください。なお，読み取り方法は先ほどと同じなので安心してください。

　さて，表を見てみると（表24），右側の塗りつぶし部分（A）が30％で，白い部分（B）が20％になるところ，つまり，Aが0.30でBが0.20のところは z が0.84であることが読み取れます。図38とてらしあわせてみましょう。

表 24

z	A	B
0.50	0.191	0.309
0.51	0.195	0.305
0.52	0.198	0.302
0.53	0.202	0.298
0.54	0.205	0.295
0.55	0.209	0.291
0.56	0.212	0.288
0.57	0.216	0.284
0.58	0.219	0.281
0.59	0.222	0.278
0.60	0.226	0.274
0.61	0.229	0.271
0.62	0.232	0.268
0.63	0.236	0.264
0.64	0.239	0.261
0.65	0.242	0.258
0.66	0.245	0.255
0.67	0.249	0.251
0.68	0.252	0.248
0.69	0.255	0.245
0.70	0.258	0.242
0.71	0.261	0.239
0.72	0.264	0.236
0.73	0.267	0.233
0.74	0.270	0.230
0.75	0.273	0.227
0.76	0.276	0.224
0.77	0.279	0.221
0.78	0.282	0.218
0.79	0.285	0.215
0.80	0.288	0.212
0.81	0.291	0.209
0.82	0.294	0.206
0.83	0.297	0.203
0.84	0.300	0.200
0.85	0.302	0.198
0.86	0.305	0.195
0.87	0.308	0.192

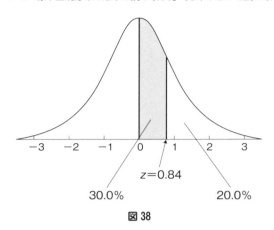

$z = 0.84$

30.0%　　　20.0%

図 38

練習問題 12

　塗りつぶしたところが 40%，白いところが 10% の場合はどうでしょうか。付表 1（p. 207）から読み取ってみましょう。

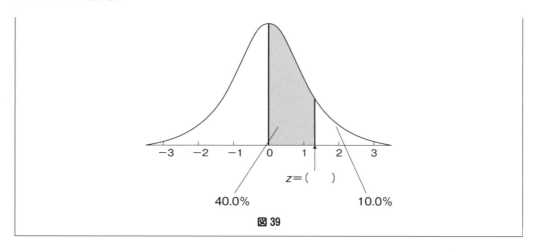

図 39

　今度は，片側だけでなく両側に設定した場合を考えてみましょう。両側の塗りつぶしたところを合わせて 70%に，両側の白いところを合わせて 30%にしたい場合について考えることにします（図 40）。

　両側を合わせた塗りつぶしを 70%に，両側の白いところを合わせて 30%ということは，片側だけを見ると塗りつぶしは 35%，白いところは 15%ということになります。そこで，分布表で，右の塗りつぶしの部分（A）が 0.35 で白い部分（B）が 0.15 のところを見てみると……ぴったり 0.35 や 0.15 の数字はありませんが，一番近いところを探すと，A が 0.351，B が 0.149 というところが見つかります。そこで，ざっくりとではありますが，z は 1.04 であることが読み取れます。

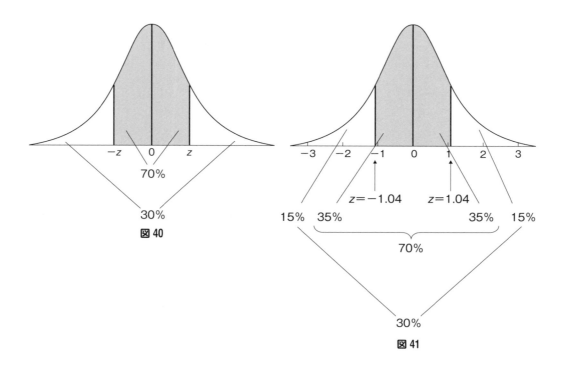

図 40

図 41

つまり，片側だけ塗りつぶし部分（A）が 35％で白い部分（B）が 15％になるときの z は 1.04 となります。したがって，両方合わせて塗りつぶしが 70％で白いところが 30％の場合は，z が −1.04 と＋ 1.04 が基準になるということになります（図 41）。このことは逆に，z が −1.04 以上 1.04 以下の確率が 70％，z が −0.4 以下または 0.4 以上の確率は 30％ということになります。

　コツをつかむまで時間がかかるかもしれませんが，今後の分布表を読み取るうえで重要なので，図 41 とてらしあわせながらしっかりと理解してください。

練習問題 13

　塗りつぶしたところの確率が両側合わせて 92％の場合はどうでしょうか。

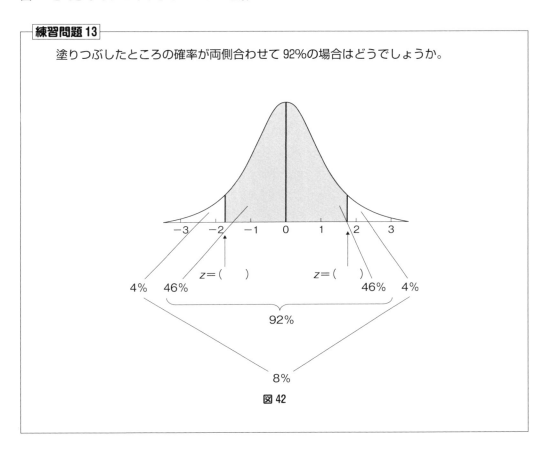

図 42

コラム 14　正規分布以外の確率分布の例

　正規分布以外にも，**F 分布**，**t 分布**，**χ^2 分布**，などがあります。これらは，今後の検定のところで出てきます。

　二項分布などもあります。先ほどのコインを 5 枚投げたときの表の出る確率の分布も二項分布の 1 つです。

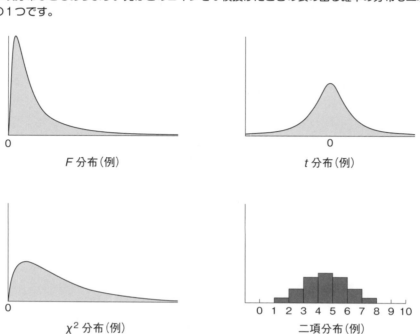

図 43

8章 推定

標本のデータから母集団の性質を知るための方法には，**推定**と**検定**という2つの方法があります。ここでは，手元のサンプルの統計量から，母集団のパラメータ（母数）を確率論的に推測する方法について説明します。つまり，母数がどのような値であるかを推定する方法の説明になります。第5章でも説明したように，標本調査をおこなった場合，手元にあるデータはあくまでも本来知りたいデータの一部でしかありません。そこで平均値などを算出したとしても，それは本来知りたかった数値そのものではありません。そのため，推定ということが必要になってきます。推定は非常に重要な考えではあるのですが，他の教科書などでは，なぜか検定の影に隠れてしまっている感じもあります。しっかりと学んでください。

8-1 点推定（平均値）

先ほども説明したように，標本統計量から母集団のパラメータを推定するときに用いるのが推定です。その際，一点ドンぴしゃで推定することを**点推定**といいます。まずは，平均値の点推定について説明しましょう。

例えば，大学生のネット上の友達の人数の平均値を知りたいとします。全国に大学生は約290万人いるそうですが，そのうち500人を対象にデータを得たとします。そして，ネット上の友達の人数の平均値を算出してみたところ，25（人）だったとします。

このとき，25というのは，あくまでもサンプルの統計量であり，母集団のパラメータではありません。しかし，「まあ，サンプルの平均値がこのくらいであれば母集団の平均値もまあこのくらいといっていいだろう」として，母集団の平均値を25と見積もることにします。これが，平均値の点推定となります。

もちろん，前にも説明したように，抜き出したサンプルによって平均値は微妙に異なってきます。ですから，サンプルの平均値がそのまま母集団の平均値と一致するということは本当はありえないため，このようにサンプルの平均値の値を母集団の平均値へと当てはめることは，少々危険なことではあります。しかし，「だいたいこのあたりということさえわかればよい」という場合には，それなりに意味がある推定ではあります。

8-2 点推定（分散）

　次は，分散の点推定です。これも，サンプルの分散をもとに，母集団の分散を1点だけ推定することになります。例えば，ネット上の友達の人数の分散が16だったとします。このとき，16というのは，あくまでもサンプルの記述統計量で，母集団のパラメータではありません。しかし，だいたいこの値と見なしてもいいだろうとしてこの値をもとに点推定をおこないます。ただし，平均値のときのように，そのままの値を当てはめるわけではありません。

　ちょっと想像してみてください。母集団のデータの散らばりとサンプルのデータの散らばりを考えてみたときに，サンプルの方がデータの数が小さいですよね。例えば，母集団が100人であれば，サンプルは最大で99人（こんなサンプリングは普通はおこないませんが）にしかなりません。そうなると，データの散らばりも母集団よりもサンプルの方が少し小さくなると考えることができます。逆に，サンプルの分散（以降，標本分散）よりも母集団の分散の方が大きいはずといえます。そこで，母集団の分散を算出する際に，サンプルの分散を算出するときの式にちょっとした調整を加えて数字が少し大きくなるようにするのです。具体的には，分散の計算の最後のところで，データの数（ここでは人数）で割っていたところを，「データの数マイナス1」で割ります。こうやって算出した分散を，**不偏分散**といいます。標本分散とは異なります。

　推測統計での分散は，この不偏分散のことを示すので間違わないように注意してください。なお，人数に関係なく，マイナスするのはつねに1となります。このあたりの説明は非常に難しいものとなるので，ここではこれ以上の説明はおこないません。ともあれ，サンプルの分散を計算するときの式を一部変えると母集団の分散を推定する式になります。

　それでは不偏分散の計算の仕方を確認しましょう。「3-2-1（p.37）」で分散を説明したときの値を使います。作業は途中まで同じです。復習もかねて，はじめから順に追っていきましょう。

　データが5つあります。

2　5　8　3　9

ここから平均値を算出します。

$$(2 + 5 + 8 + 3 + 9) \div 5 = 27 \div 5 = 5.4$$

　そして，平均値からの散らばり具合を示すために，まずは平均値とそれぞれの数値の差を算出します。

$$2 - 5.4 = -3.4$$
$$5 - 5.4 = -0.4$$
$$8 - 5.4 = 2.6$$
$$3 - 5.4 = -2.4$$
$$9 - 5.4 = 3.6$$

ここで，すべての数値の平均とのズレをすべてまとめて全体のズレの指標を作成するのですが，このまま足し合わせると0になってしまうのでした。そこで，マイナスをとるために，それぞれ2乗します。

$$(-3.4) \times (-3.4) = 11.56$$
$$(-0.4) \times (-0.4) = 0.16$$
$$2.6 \times 2.6 = 6.76$$
$$(-2.4) \times (-2.4) = 5.76$$
$$3.6 \times 3.6 = 12.96$$

そうしたら，これを足し合わせます。

$$11.56 + 0.16 + 6.76 + 5.76 + 12.96 = 37.2$$

ここまでは標本分散の計算手続きと同じです。ここから先が違います。標本分散であれば，データの数で全体のズレの程度を調整したのでした。

$$37.2 \div 5 = 7.44 \leftarrow 標本分散 \qquad \boxed{\leftarrow （B）}$$

しかし，推測統計の場合は，「データの数」ではなく，「データの数マイナス1」で割った不偏分散にする必要があります。

つまり，

$$37.2 \div （データの数 - 1） = 37.2 \div （5 - 1） = 37.2 \div 4 = 9.3 \leftarrow 不偏分散$$

これで，不偏分散が算出できました。 2，5，8，3，9 の不偏分散は9.3ということになります。標本分散の7.44よりも大きな数字になっていることが確認できたかと思います。

さて，それでは標本分散から直接に不偏分散を算出するには，どうしたらよいでしょうか。上の計算の標本分散のところ（B）で，データの数で割っていますが，これを割る前の値に一度戻してから，データの数マイナス1で割ると不偏分散になります。つまり，不偏分散は，「分散にデータの数を掛けて，その後，データの数マイナス1で割る」，つまり，以下の式で算出することができます。

$$不偏分散 = \frac{標本分散 \times データの数}{データの数 - 1}$$

先ほど，$37.2 \div 5 = 7.44$で標本分散を算出しましたが，ここにデータの数である5を掛けます。すると，$7.44 \times 5 = 37.2$となり，割る前の数に戻ります。そして，この値をデータの数マイナス1で割るのです。すると，$37.2 \div 4 = 9.3$となります。まとめると，以下のようになります。

$$不偏分散 = \frac{標本分散 \times データの数}{データの数 - 1}$$

$$= \frac{7.44 \times 5}{5 - 1} = \frac{7.44 \times 5}{4} = 9.3$$

練習問題 14

　それでは，本文中のネット上の友達の人数の標本分散（16）をもとに，不偏分散を算出してみましょう。なお，人数は 20 人とします。

　不偏分散＝標本分散×データの数÷（データの数 −1）
　　　　　＝ 16 ×（　　　）÷（　　　 −1）
　　　　　＝ 16 ×（　　　）÷（　　　）
　　　　　＝（　　　　　）

---

8 - 3　点推定（比率）

　今度は，比率（割合）の点推定です。これも，サンプルの比率をもとに，母集団の比率を 1 点だけ推定することになります。

　例えば，あるクイズ問題の正答を答えられた人の割合が 62%だったとします。この 62%というのは，あくまでもサンプルの統計量であり，母集団のパラメータではありません。しかし，「まあ，サンプルの比率がこのくらいであれば母集団の比率もまあこのくらいといっていいだろう」として，母集団の比率を 62%と見積もることにするのです。もちろん，前にも説明したように，抜き出したサンプルによって比率は微妙に異なってくるため，サンプルの比率がそのまま母集団の比率と一致するとは限りません。

8 - 4　区間推定（平均値）

　先ほどは，点推定の説明をおこないました。確かに点推定でもある程度は役に立ちます。しかし，その値はピンポイントで推定しているために，確実に当たるかというとそうではありません。近いところにはあるかもしれませんが，ドンぴしゃは基本的にはありえません。

　そこで，ある程度の範囲をもって，確率論的に推定しようというのが**区間推定**です。ここでは，平均値の区間推定について説明します。全数調査をしない限り，母集団の平均値がいくらかはわかりません。わかるのは手元にあるサンプルから算出した平均値だけです。ここから，母集団の平均値がどのくらいの範囲におさまるか，確率をもとに推測するのが平均値の区間推定です。そして，標本のデータから，ある確率のもとで，母集団の値がこのくらいの範囲にあるであろうと推測した範囲のことを**信頼区間**という言い方をします。少し固くいうと，あらかじめ定められた確率で母数を含むと推定される区間が信頼区間ということになります。

　つまり，母集団からサンプルをサンプリングし，そのサンプルから，「母集団の平均値はこの

あたりであろう」という範囲を推測します。つまり，信頼区間を推測します。多くの場合，うまくその区間に母集団の平均値が含まれるかもしれません。しかし，推測を間違ってしまうこともあるかもしれません。

　例で説明してみましょう。アルバイトが 100 人いたとします。これを母集団とします。そこからランダムに 5 人抜き出して，アルバイト代の平均値を算出したとします。平均値は 900 円だったとします。そして，母平均が 900 であると設定したときに，確率論的に推定をおこない，95% の確率でとりえる範囲内におさまっているかどうか検討します。そして，900 という値は問題がないと判断されたとしましょう。さて，次に，母平均が 1,000 であると設定したときに，確率論的に推定をおこない，95% の確率でとりえる範囲内におさまっているかどうか検討します。そして，1,000 という値は問題がないと判断されたとしましょう。そして，母平均 1,100 とした場合も，問題がないと判断されたとしましょう。しかし，母平均を 1,200 とした場合は，95% の確率でとりえる範囲内におさまっていなかったと判断されたとします。さて，それでは，その境目はどこでしょうか。数値を細かくして検討していったところ，境目は 1,120 だったとします。そして，小さい方の境目は 880 だったとします。この場合，95% の信頼区間は 880 から 1,120 だと見なすのです。図にしてみたので（図 44），確認してください。

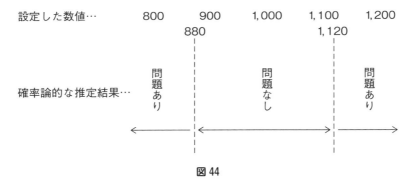

図 44

　このように，ある確率で範囲の当たりをつけたい，という考えで推測したものが「○%の信頼区間」というものなのです。これは，○%の確率で母集団の平均値を含んだ範囲を推測できている，ということになります。そして，その推定のことを区間推定というのです。

8－5　平均値の信頼区間の算出方法

　例えば，「母集団の平均値（母平均）の **95% 信頼区間（95%CI）**」といった場合は，ある値を設定し 95% の確率でとりえる範囲内におさまっているか検討した場合に，おさまっていると判断された値の範囲，ということになります。それでは，どのように算出できるのでしょうか。

　平均値の信頼区間の算出方法は以下のとおりです。

$$標本平均 - t \times \sqrt{\frac{不偏分散}{データの数}} \leqq 母平均 \leqq 標本平均 + t \times \sqrt{\frac{不偏分散}{データの数}}$$

標本平均は，サンプルの平均値のことです。

　t のところには数値を入れるのですが，信頼区間が何パーセントの確率であるか，また，デー

タの数がいくつかによって入れる数値が異なってきます。

　ちなみに，

$$\sqrt{\dfrac{\text{不偏分散}}{\text{データの数}}}$$

は標本平均の**標準誤差（SE）**です。これは，サンプリングしたデータの精度を意味します。標準誤差が小さいほど，母集団をうまく反映するようなサンプルが得られているということになります[12]。なお，サンプルの大きさが大きいほど，標準誤差は小さくなります。

　それでは，今回は，95% 信頼区間の場合で説明していきます。

　まず，t の値を準備しないといけません。t の値は，t 分布から読み取ります。下の t 分布のグラフ（図 45）を見てください[13]。図で塗りつぶしているところの面積を確率と思ってください。全部塗りつぶしてあれば 100% です。t の値によって塗りつぶしの面積は変わってきますが，今回のように 95% 信頼区間を求める場合は，塗りつぶしているところが 95% の状態になるときの t の値を用います。塗りつぶしが 95% ということは，白いところは 5% ということです。そして，t 分布は左右対称なので，左右それぞれの白いところは 2.5% ということになります。

　この左右にそれぞれ 2.5% 白いところを残したとき（つまり 95% は塗りつぶしたとき）の t の値を t 分布表から読み取り，そしてその t の値を使って，信頼区間を算出していきます。

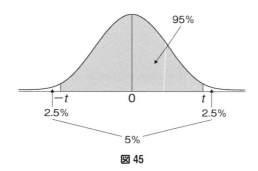

図 45

　それでは実際に算出してみます。

　大学生 10 名に統計のテストをおこなったところ，標本平均は 55 点，不偏分散が 12 であったとした場合，母平均の 95% 信頼区間がどのくらいになるでしょうか。なお，母集団はすべての大学生ということになります。

　まず，t 値を t 分布表から求めます（p. 210 付表 2）。今回は 95% 信頼区間を算出したいので，95% のところを見ます。そして，次は自由度の方を見ます。自由度は，

　　　　データの数－1

で算出できます。今回の自由度は 10 － 1 ＝ 9 なので，9 のところを左側から探してみましょう。そして，上と左のクロスしたところの数字を読み取ります（表 25）。数字は 2.26 でした。

12　標準誤差がどのような意味をもっているかは，例題と練習問題で確認することができるでしょう。

13　後に述べる自由度の値によって，形は多少変わってきます。

表25

		信頼区間	
		95 %	99%
自由度	1	12.71	63.66
	2	4.30	9.93
	3	3.18	5.84
	4	2.78	4.60
	5	2.57	4.03
	6	2.45	3.71
	7	2.37	3.50
	8	2.31	3.36
→9		2.26	3.25
	10	2.23	3.17
	11	2.20	3.11
	12	2.18	3.06

これを先ほどの式に当てはめてみます。

$$55 - 2.26 \times \sqrt{12/10} \leqq 母平均 \leqq 55 + 2.26 \times \sqrt{12/10}$$
$$55 - 2.26 \times \sqrt{1.2} \leqq 母平均 \leqq 55 + 2.26 \times \sqrt{1.2}$$
$$55 - 2.26 \times 1.095 \leqq 母平均 \leqq 55 + 2.26 \times 1.095$$
$$55 - 2.475 \leqq 母平均 \leqq 55 + 2.475$$
$$52.525 \leqq 母平均 \leqq 57.475$$

つまり，母平均をこの 52.525 と 57.475 の範囲の値に設定したときに，95% の確率ではおさまっていると判断されるということがわかります。

練習問題 15

　大学生 10 名に統計のテストをおこなったところ，標本平均は 55 点，不偏分散が 40 であったとした場合，母平均の 95%信頼区間がどのくらいになるか，計算してみましょう。そして，本文の例題との違いを確認してみましょう。

練習問題 16

　大学生 41 名に統計のテストをおこなったところ，標本平均は 55 点，不偏分散が 12 であったとした場合，母平均の 95%信頼区間がどのくらいになるか，計算してみましょう。そして，本文の例題との違いを確認してみましょう。

8-6　分散の信頼区間の算出方法

　平均値と同様に，分散についても信頼区間を算出することは可能です。その際には，後の章で述べる χ^2 分布（カイ 2 乗分布）を用いる必要があります。

　算出方法については，少々面倒なので，ここでは具体的な説明はおこないません。興味のある

人は調べてみましょう。

$$（データの数－1）×不偏分散÷\chi^2 \leqq 母分散 \leqq （データの数－1）×不偏分散÷\chi^2$$

8－7　比率の信頼区間の算出方法

　平均値や分散と同様に，比率についても信頼区間を算出することは可能です。なお，母比率の信頼区間を求める，という言い方をします。
　母比率の信頼区間（ただし，95％信頼区間の場合）の算出方法は以下のとおりです。

$$標本比率－1.96 \times \sqrt{\frac{標本比率（1－標本比率）}{データの数}} \leqq 母比率 \leqq 標本比率＋1.96 \times \sqrt{\frac{標本比率（1－標本比率）}{データの数}}$$

　なお，あくまでも，これは95％信頼区間の場合であって，確率が変わってくると，式の中の数字（上では1.96）が別の値となります。
　ちなみに，

$$\sqrt{\frac{標本比率（1－標本比率）}{データの数}}$$

は，標本比率の標準誤差です。

　それでは実際に算出してみます。
　大学生100名にノートPCを持っているかたずねたところ，70％の学生が所有していると回答したとします。この場合，母比率の95％信頼区間はどのくらいになるでしょうか。
　先ほどの式に当てはめてみます。

$$0.70 － 1.96 \times \sqrt{\frac{0.70（1－0.70）}{100}} \leqq 母比率 \leqq 0.70 ＋ 1.96 \times \sqrt{\frac{0.70（1－0.70）}{100}}$$

$$0.70 － 1.96 \times \sqrt{\frac{0.70 \times 0.3}{100}} \leqq 母比率 \leqq 0.70 ＋ 1.96 \times \sqrt{\frac{0.70 \times 0.3}{100}}$$

$$0.70 － 1.96 \times \sqrt{\frac{0.21}{100}} \leqq 母比率 \leqq 0.70 ＋ 1.96 \times \sqrt{\frac{0.21}{100}}$$

$$0.70 － 1.96 \times 0.0458 \leqq 母比率 \leqq 0.70 ＋ 1.96 \times 0.0458$$

$$0.70 － 0.0898 \leqq 母比率 \leqq 0.70 ＋ 0.0898$$

$$0.6102 \leqq 母比率 \leqq 0.7898$$

　つまり，母比率を0.61（61.0％）と0.79（79.0％）の範囲の値に設定したときに，95％の確率ではおさまっていると判断されるということがわかります。

練習問題 17

　社会人女性 200 名に美容整形の経験をたずねたところ，10%の社会人女性が経験あり
と回答したとします。この場合，母比率の 95%信頼区間がどのくらいになるか，計算し
てみましょう。

9章 検定の基礎

　統計的仮説検定とは，ある仮説が正しいかどうかを検定するための方法です。統計的仮説検定をおこなうには，統計学的推論の考え方について知っておく必要があります。そこで，仮説検定をおこなう際の原理について理解しておきましょう。面倒ですが，大切なところなので，しっかりと覚えてください。

9-1　帰無仮説と対立仮説

　推測統計において統計的仮説検定をおこなう際には，仮説を立てて検証するというやり方で進めます。その仮説には2つあります。**帰無仮説**と**対立仮説**です。
　帰無仮説は，教科書的にはいろいろ面倒な定義があるのですが（しかもわかりにくくおかしいものもあったりしますが），シンプルに次のように覚えることをお勧めします。それは，

　　　　「1点に定まるものだけが帰無仮説になる！」
です。これはどういうことでしょうか。
　例えば，男性と女性のインターネットをする時間の平均値を比較する場合のことを考えてみましょう。「男性と女性のインターネットをする時間の平均値が等しい（同じである，差が0である，差がない）」ということは，1点に定まります。そのため，検証することが可能です。それに対して，「男性と女性のインターネットをする時間の平均値は異なる（等しくない，差がある，差が0でない）」といった場合，1秒違う場合，5秒違う場合，20分違う場合，もしくは，1.5倍違う場合，100倍違う場合といったように，違うという場合には無限のバリエーションがあります。そのため，検証しきれないことになります。
　まとめてみると，帰無仮説は，「男性と女性のインターネットをする時間の平均値が等しい（同じである，差が0である，差がない）」で，1点に定まる方です。それに対して，対立仮説は「男性と女性のインターネットをする時間の平均値は異なる（等しくない，差がある，差が0でない）」で，1点に定まらない方です。

　　　　帰無仮説：男性のインターネットをする時間 ＝ 女性のインターネットをする時間
　　　　対立仮説：男性のインターネットをする時間 ≠ 女性のインターネットをする時間[14]

14　「≠」はイコールでないことを表します。

　あえて検証可能な1点に定まる方を帰無仮説としてそれを検証し，そして，もし帰無仮説が間違いであろうと判断したときには，対立仮説の方を正しいであろうとして採択するのです。例えば，男性と女性で通学時間の平均値に差がない，身長と体重には関連がないなどが帰無仮説で，もしそれを間違いだと判断した場合にようやく，男性と女性で通学時間の平均値に差がある，身長と体重には関連があるといった対立仮説を採択するのです。

　なお，帰無仮説を間違いだとして捨てることを「**棄却**する」という言い方をするので，覚えてください。これからは，この表現を用いて説明していきます。

　ところで，先ほどの男性と女性のインターネットをする時間の平均値の比較の場合，もし対立仮説が採用された場合には，男性と女性のインターネットをする時間の平均値が異なるということになります。しかし，この「異なる」といった場合，2つの方向性が考えられます。

　1つは，男性のインターネットをする時間の平均値が，女性のそれよりも大きいときです。

　　　　男性のインターネットをする時間の平均値　＞　女性のインターネットをする時間の平均値

　もう1つは，男性のインターネットをする時間の平均値が，女性のそれよりも小さいときです。

　　　　男性のインターネットをする時間の平均値　＜　女性のインターネットをする時間の平均値

　この両方を合わせて仮説とする場合は，**両側仮説**といいます。それに対し，どちらか片方だけを仮説とする場合は，**片側仮説**といいます。心理学では，基本的には両側仮説を立てます。

9-2　第一種の過誤と第二種の過誤

　まずは表26を見てください。

表26

		真実	
		帰無仮説が正しい	帰無仮説が誤り
検定の結果	帰無仮説を棄却しない	正しい判断（確率：$1-\alpha$）	第二種の過誤（確率：β）
	帰無仮説を棄却する	第一種の過誤（確率：α）	正しい判断（確率：$1-\beta$）

　真実と検定の結果についてそれぞれ考えてみましょう。まず，真実というのは，全数調査をしない限り未知のものであり，神のみぞ知るということになります。そして，真実として帰無仮説が正しい場合と正しくない場合があります。一方，サンプルのデータから推測統計をおこなった際に，統計的仮説検定により帰無仮説を棄却しないと判断する場合と，棄却すると判断する場合があります。すると，その組み合わせで，真実と検定結果が一致する場合（表の左上と右下），そして，真実と検定の結果が一致しない場合（左下と右上）がでてきます。この一致しない場合のうち，左下の「真実は帰無仮説が正しいときに検定の結果帰無仮説を棄却する」と判断した間違いのことを，**第一種の過誤**（Type I Error）といいます。一方，右上の「真実は帰無仮説が間違いのときに検定の結果帰無仮説を棄却しない」と判断した間違いのことを，**第二種の過誤**

（**Type II Error**）といいます。なお，それぞれの生じる確率は α と β で表します。

　つまり，第一種の過誤は，「ないことをある」といってしまうミスということになります。そして，第二種の過誤は，「あることをない」といってしまうミスということになります。

　どちらも問題なのですが，どちらともその間違いを 0 にすることはできません。サンプリングで一部のデータしか扱っていないため，避けることができない問題なのです。そして，片方の過誤の可能性を 0 に近づけるともう片方の過誤の可能性が 0 から離れてしまうという問題もあります。心理学では，第一種の過誤の方に注意しながら検定をおこなうことが一般的です。

　ここで，少し具体的な内容でイメージしてもらいましょう。次の例を考えてみてください（表27）。犯罪と裁判の判決の関係です。真実として，無罪の場合と有罪の場合があります。また，判決によって，無罪と判断される場合と有罪と判断される場合があります。ここで，実際に無罪の場合に判決で無罪となるのは正しい判断となります。また，実際に有罪の場合に判決で有罪となるのも正しい判断となります。しかし，無罪なのに判決が有罪となるのは間違いということになります。これは「ないことをある」といってしまう第一種の過誤です。いわゆるえん罪です。また，有罪なのに判決が無罪となるのも間違いということになります。これは，「あることをない」といってしまう第二種の過誤です。犯罪者が野にはなたれることになります。どちらも過誤は問題ですが，特に第一種の過誤の方を問題として扱っていくことになります。

　判断ミスには 2 種類あること，そして，第一種の過誤と第二種の過誤のそれぞれの内容がどのようなものであるかを簡単にでよいので理解しておいてください。

表 27

		真実	
		無罪	有罪
（検定の結果）判決	無罪	正しい判断（確率：$1-\alpha$）	第二種の過誤（確率：β）
	有罪	第一種の過誤（確率：α）	正しい判断（確率：$1-\beta$）

9-3　有意水準と p 値

　帰無仮説を棄却できるかどうか判断するには，**検定統計量**の値と **p 値**（**有意確率**といわれることもあるようです）が重要になってきます。検定統計量の値は，サンプルのデータから算出されます[15]。p 値は検定統計量の値に対応してその値が決まってきます。そして，検定統計量の値が大きくなるほど p 値は小さくなる（検定統計量の値が小さくなるほど p 値は大きくなる）という関係があります。それでは，どのようにして，帰無仮説を棄却できるかどうか判断すればよいでしょうか。

　まず，帰無仮説を間違いかどうか判断するときに，ある基準を設定します。それが，**有意水準**です（心理学では 5 ％をその基準にします）。そして，p 値が有意水準未満にあるとき，帰無仮説を間違いだと判断して，棄却することになります。

15　t 値や F 値などいくつか種類があります。

　なお，p 値は検定統計量の値と連動しているので，検定統計量の値についても，棄却するかしないか判断する範囲が決まってきます。このとき，検定統計量の値を棄却すると判断する範囲を**棄却域**といい，棄却しないと判断する範囲を**採択域**といいます。

　つまり，有意水準を設定したら，p 値をその有意水準と（または，検定統計量の値をその有意水準での棄却域と）てらしあわせながら，帰無仮説を棄却できるかどうか読み取っていくことになります。もし，p 値が有意水準未満の場合，つまり，検定統計量の値が棄却域の中にある場合は，帰無仮説は間違っていると考えて，帰無仮説を棄却します。一方，p 値が有意水準以上の場合，つまり，検定統計量の値が棄却域の中にない場合は，帰無仮説は間違いだと考えず，帰無仮説を棄却しないことになります。

　10章以降の統計的仮説検定のところで，具体的な例とともに改めて説明をおこないます。検定において重要な考え方なので，しっかりと理解するようにしましょう。

　ちなみに，心理学では有意水準を 5 ％だけでなく，1 ％や 0.1％に設定することがあります。とはいえ，まずは 5 ％を最低限下回っているかどうかを意識しておけばよいでしょう。

第 4 部　基本的な統計的仮説検定

　ここでは，心理学でよく用いられる，いくつかの統計的仮説検定の手法について説明します。まずは，分散の等質性の検定と平均値の差の検定，そして，独立性の検定について説明をおこないます。さらに，分散分析についても一部説明します。

　なお，近年は効果量という指標の報告も求められるようになりました。第 4 部ではあえてその説明をおこないませんが，効果量のこと，および効果量の結果の記述方法については，18 章で説明しています。必要に応じて学習してください。

10章　分散の等質性の検定

　ここでは，手元のデータをもとに，母集団において2つの群の分散が等しいかそうでないかを明らかにするための検定方法である**分散の等質性の検定**について説明します。考え方として，もしそれぞれの母集団において分散に違いがあるのであれば，そこからサンプリングしたサンプルの分散にも違いがあるであろう，逆に，サンプルの分散の違いから母集団の分散の違いを推測できるであろう，という考え方に基づいています。つまり，手元のデータをもとに，母集団の分散に違いがあるか知ろうとするための分析方法になります。

10-1　分散の等質性の検定の考え方

　分散が等しいか検討するための方法にはいくつかの種類があります。ここでは，対応なしのデータ（コラム15参照）において，2つの分散が等しいか否かを調べるための検定の1つである**2つの分散の等質性の検定**（以降，分散の等質性の検定）について説明します。F検定といわれることもあります。　例えば，男性のスマートフォン利用時間の分散と女性のスマートフォン利用時間の分散の比較をおこないたい場合などに用います。

　なお統計分析においては，分散が等しいか否かで，データの扱いが変わってくることがあります。つまり，計算方法が変わってくることがあります。今後説明をおこなう平均値の差の検定（11章と12章）の際にも，まず分散の等質性の検定をおこない，2つのデータが等分散かどうか確認し，分散が等しいか否かで後の分析方法を変える必要があるとされています。

　それでは，等分散か否かを調べるための検定方法である分散の等質性の検定について，例題をもとに説明をおこなっていきます。

10-2　推測統計の流れ

　ここで，分散の等質性の検定に限らず，推測統計すべてに共通する手続きの流れについて説明します。この手続きの流れは大切なので，今後，分析のたびに再登場します。

手続きの流れのテンプレート

ステップ0：確認

はじめに，どのようなことを明らかにしたいのか，そしてそのためにはどのような分析をおこなう必要があるか，確認します。その際，データの尺度の種類を確認しておきましょう。

↓

ステップ1：図表の作成や記述統計量の算出

表を作成したり，グラフを作成します。また，平均値や標準偏差などの記述統計量を計算します。これは推測統計の前におこなっておくのが基本です。

↓

ステップ2：帰無仮説と対立仮説の確認

次に，帰無仮説と対立仮説を確認します。これをしないと，検定の結果の読み取りができなくなります。なお，この段階より前に，どの検定をおこなうのか決めておく必要があります。

↓

ステップ3：検定統計量の値の算出

平均値や分散，度数などをもとに検定統計量の値を計算します。この検定統計量は，分析によって種類が異なり，また，計算の仕方も異なります。

↓

ステップ4：棄却域とのてらしあわせと仮説の支持不支持の判断

分布表をもとに検定統計量の値をてらしあわせて，帰無仮説を棄却できるか調べ，最終的な判断をおこないます。

↓

ステップ5：結果のまとめ

得られた結果を文章にまとめます。

それでは，具体的に流れを追っていきましょう。

ステップ0：確認

今回は，心理学部の学生のスマートフォン（以下，スマホ）利用時間と経済学部の学生のスマホ利用時間の分散について，違いがあるかどうか明らかにするという内容で話を進めたいと思います。そのため，分散の等質性の検定をおこなうこととします。なお，学部は名義尺度で，スマホ利用時間は比例尺度です。

ステップ1：図表の作成や記述統計量の算出

今回は，人数と，平均値と標準偏差をまとめておけばOKです。今回は準備しておくので，皆さんが計算しなくても大丈夫です。

さて，心理学部の学生のスマホ利用時間（分）の平均値と標準偏差はそれぞれ140と5.22，経

済学部の学生のスマホ利用時間（分）の平均値と標準偏差はそれぞれ 120 と 4.22 だったとします。なお，標準偏差から算出した不偏分散は心理学部の学生が 30.0，経済学部の学生は 20.0 だったとします。ちなみに，心理学部の学生は 11 人，経済学部の学生は 9 人だったとしましょう。

ステップ2：帰無仮説と対立仮説の確認

　統計的仮説検定をおこなう前に，帰無仮説と対立仮説を確認します。これらについては，すでに説明しましたが（p. 95），覚えているでしょうか。帰無仮説は 1 点に定まる方が当てはまります。対立仮説は，無限のバリエーションがある方が当てはまります。

　さて，スマホ利用時間の分散について，心理学部の学生と経済学部の学生で違いがあるかどうか明らかにしたいと思います。この場合，1 点に定まるのは「心理学部の学生のスマホ利用時間と経済学部の学生のスマホ利用時間の分散は等しい（違いがない，差がない，差が 0 である）」です。つまり，これがこの場合の帰無仮説です。そして，「心理学部の学生のスマホ利用時間と経済学部の学生のスマホ利用時間の分散は等しくない（違いがある，差がある，差が 0 ではない）」が対立仮説となります。3 違うのか，20 違うのか，50 違うのか，1.5 倍なのか，2 倍なのかなど，違う場合には無限のバリエーションがあるからです。

　　　　帰無仮説：心理学部の学生のスマホ利用時間の分散 ＝ 経済学部の学生のスマホ利用時間の分散
　　　　対立仮説：心理学部の学生のスマホ利用時間の分散 ≠ 経済学部の学生のスマホ利用時間の分散

もっと簡単に要点だけ書くとこのようになります。

　　　　帰無仮説：「等分散である」
　　　　対立仮説：「等分散ではない」

　もし，検定の結果，帰無仮説が棄却されたならば，つまり，帰無仮説が間違いだと判断されたならば，対立仮説を採択し，「心理学部の学生のスマホ利用時間と経済学部の学生のスマホ利用時間の分散は等しくない」といえることになります。もし，帰無仮説が棄却できないとすると，「心理学部の学生のスマホ利用時間と経済学部の学生のスマホ利用時間の分散は等しい」ということになります。

　それでは帰無仮説を棄却できるかどうか分析をおこなってみましょう。

ステップ3：検定統計量の値の算出

　分散の等質性の検定に限らず，分散に関する検定は，分散の比による F 値というものを算出し扱っていきます。今回の，分散の等質性の検定の計算方法は以下となります。

$$F = \frac{\text{大きい方の不偏分散}}{\text{小さい方の不偏分散}}$$

　分数の上の方（つまり分子）は，2 つの群で分散が大きい方の分散になります。分数の下の方（つまり分母）は，2 つの群で分散が大きい方の分散になります。つまり，大きい方の分散を小さい方の分散で割ればよいのです。なお，サンプルの分散ではなく，不備分散を使います。

　ここでちょっと考えてみましょう。もし，両方の分散がまったく同じだったら F の値はどうな

るでしょうか。同じ値÷同じ値なので1になります。両方の不偏分散が5であれば，5÷5＝1です。それでは，もし，片方の分散が5で，もう片方の分散が10だったらどうでしょうか。10÷5＝2となります。それでは，もし片方の分散が5でもう片方の分散が50だとしたらどうでしょうか。50÷5＝10です。

　つまり，分散が違えば違うほど，比は（割った値は）1から離れていきます。逆に，比が1から離れれば離れるほど，2つの分散に違いがあると判断できます。この性質を使っているのが分散の等質性の検定になります。

　さて，それでは，例題について検定をしてみましょう。

　まず，分散を確認しましょう。心理学部の学生のスマホ利用時間の不偏分散は30.0，経済学部の学生のスマホ利用時間の不偏分散は20.0でした。

　それではF値を算出してみましょう。大きい不偏分散を小さい不偏分散で割ります。

$$F = \frac{大きい方の不偏分散}{小さい方の不偏分散} = \frac{30}{20} = 1.5$$

　ここで，あと2つ計算をする必要があります。**自由度**というものになります。この説明はとてもややこしくなるので，ここではあえて説明しません。自由度というモノが必要とだけ思っておいてください。

　ここで自由度は2つ計算する必要があります。第1自由度と第2自由度です。これはそれぞれ下のように計算できます。

第1自由度＝分散が大きい方のグループのデータの数－1
第2自由度＝分散が小さい方のグループのデータの数－1

　今回，分散が大きいのは心理学部の学生の方でした。そして，人数は11人でした。つまり，第1自由度＝11－1＝10となります。また，分散が小さいのは経済学部の学生の方でした。そして，人数は9人でした。つまり，第2自由度＝9－1＝8となります。

　あくまでも，人数の多い少ないではなく，分散の大きい小さいによって，自由度1と2が区別されます。注意してください。

　とにかくこれで，F値と第1自由度と第2自由度が準備できました。ちなみに，自由度はdfと書くこともあります。

／ステップ4：棄却域とのてらしあわせと仮説の支持不支持の判断／

　さて，それではここでF分布表を見てみましょう（p. 210 付表3）。これは，有意水準を5％としたときのF分布表です。第1自由度が10のところを上側から探してみましょう。次に第2自由度が8のところを左側から探してみましょう。そして，上が10左が8のクロスしたところの数字を読み取ります（表28）。

表 28

| | | \multicolumn{11}{c}{第 1 自由度} |
		1	2	3	4	5	6	7	8	9	10	11
第2自由度	1	161.40	199.50	215.70	224.60	230.20	234.00	236.80	238.90	240.50	241.90	243.00
	2	18.51	19.00	19.16	19.25	19.30	19.33	19.35	19.37	19.38	19.40	19.40
	3	10.13	9.55	9.28	9.12	9.01	8.94	8.89	8.85	8.81	8.79	8.76
	4	7.71	6.94	6.59	6.39	6.26	6.16	6.09	6.04	6.00	5.96	5.94
	5	6.61	5.79	5.41	5.19	5.05	4.95	4.88	4.82	4.77	4.74	4.70
	6	5.99	5.14	4.76	4.53	4.39	4.28	4.21	4.15	4.10	4.06	4.03
	7	5.59	4.74	4.35	4.12	3.97	3.87	3.79	3.73	3.68	3.64	3.60
	8	5.32	4.46	4.07	3.84	3.69	3.58	3.50	3.44	3.39	3.35	3.31
	9	5.12	4.26	3.86	3.63	3.48	3.37	3.29	3.23	3.18	3.14	3.10
	10	4.96	4.10	3.71	3.48	3.33	3.22	3.14	3.07	3.02	2.98	2.94

　数字は 3.35 でした。これは，**臨界値**といいます。覚えておいてください。この値が，（第 1 自由度が 10 で第 2 自由度が 8 のときの）5 ％の有意水準に対応する F 値となります。

　ここで，下（図 46）のような図を書いてみましょう[16]。

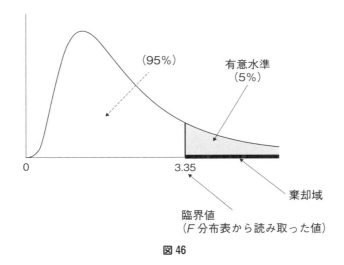

図 46

　まず，F 分布の（ような）形を書き，その後，先ほどの臨界値のあたりに縦に線を引いて，その右側を塗りつぶしてください。

　これで読み取りの準備は整いました。この図は F 分布の図を書いたものに，先ほど読み取った臨界値の右を塗りつぶしたものになります。この塗りつぶしたところが有意水準であり，塗りつぶしたところの下の横軸の範囲が棄却域になります（塗りつぶしていないところの横軸の範囲は採択域になります）。もし，サンプルのデータから算出した検定統計量の値（ここでは F 値）が棄却域の中に入れば，それは有意水準を 5 ％としたときに帰無仮説を棄却できる（間違いだと判断できる）ということになります。つまり，滅多にない値なので，帰無仮説の方がおかしいと判断して帰無仮説を棄却する（間違いだとする）のです。もし，サンプルのデータから算出した検定統計量が棄却域の中に入っていなければ（採択域に入っていれば），帰無仮説は棄却できない

16　以降の確率分布の形は，厳密なものではなく簡易的なものです。

（間違いだと判断できない）ことになります。

　さて，今回の F 値は 1.5 です。つまり，今回の棄却域の中に入っていません（図 47）。そのため，「帰無仮説を 5 ％水準で棄却できない」ということができます。

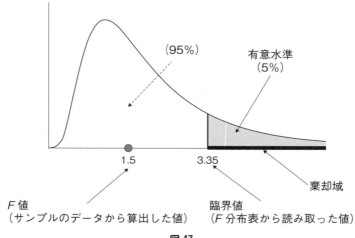

図 47

　さて，帰無仮説を思い出してみましょう。今回の帰無仮説は「心理学部の学生のスマホ利用時間と経済学部の学生のスマホ利用時間の分散は等しい（違いがない，差がない，差が 0 である）」でした。これを確率論的に間違いだと判断しないことになります。つまり，帰無仮説は棄却されないということになります。

　したがって，今回のデータから「心理学部の学生のスマホ利用時間と経済学部の学生のスマホ利用時間の分散は同程度とみなせる（違うわけではない）」と判断することができます。

ステップ 5：結果のまとめ

　これまでが，分散の等質性の検定の一連の流れです。

　なお，ここで統計分析の流れは終わりとなるのですが，実際には，単に分析をすれば終わりということにはなりません。レポートや卒論などでは，分析結果を適切に文章でまとめる必要があります。そこで，せっかくなのでそのまとめ方についても合わせて説明をおこないます。レポートや卒論を書くときに役立つでしょう。

　さて，今回の結果を文章にまとめると，下のようになります。あくまでも一例です。

> 「心理学部の学生のスマホ利用時間と経済学部の学生のスマホ利用時間の分散について，違いがあるかどうか明らかにするために，分散の等質性の検定をおこなった。$F_{(10, 8)}$ = 1.5 であり，5 ％水準で有意ではなかった。したがって，心理学部の学生のスマホ利用時間と経済学部の学生のスマホ利用時間の分散には違いが認められないことが確認された」。

ここで，各部分の説明を追加しておきます。

　$F_{(10, 8)}$ = 1.5 とありますが，括弧の中のカンマの前は，第 1 自由度を，カンマの後は第 2 自由度を書きます。今回，第 1 自由度は 10，第 2 自由度は 8，そして F 値は 1.5 なので，$F_{(10, 8)}$

＝ 1.5 という表記になります。

　そして，有意であったかどうかを書きます。今回は 5 ％水準では有意ではなかったので，「5 ％水準で有意ではなかった」と書けばよいです。もし有意だった場合，5 ％を有意水準としているのであれば「5 ％水準で有意であった」と書き，もし 1 ％を有意水準としたのであれば「1 ％水準で有意であった」のように書きます。その他にも表現方法があるのですが，それについてはコラム 16 を見てください。

　また，分散の等質性の検定を含めて，ほとんどの検定では，たとえ違いがあるという判断になってもその違いの方向についてはわかりません。今回の場合，分散が等しいということになりましたが，もし分散が異なるということになった場合は，2 群のどちらが分散が大きいのかについては検定結果からは判断できません。そこで，サンプルの分散の大小を見て判断します。そして，結果を書く際にはそのことも含めて書くことになります。

　それをふまえたうえで，もう一度先ほどの文章を見てください。

> （1）心理学部の学生のスマホ利用時間と経済学部の学生のスマホ利用時間の分散について，違いがあるかどうか明らかにするために，
> （2）分散の等質性の検定をおこなった。
> （3）$F(10, 8) = 1.5$ であり，5 ％水準で有意ではなかった。
> （4）したがって，心理学部の学生のスマホ利用時間と経済学部の学生のスマホ利用時間の分散には違いは認められないことが確認された。

　4 つのブロックになっていることも確認できたかと思います。それぞれのブロックの内容は下のとおりです。

> （1）何を明らかにしようとしたのか。
> （2）何の検定をおこなったのか，どのような分析をおこなったのか。
> （3）検定統計量の値（今回は F 値）や自由度，そして有意であったかどうか（有意水準含む）。
> （4）結果として何がいえるか。

　分析方法により若干異なる場合もありますが，推測統計をおこなった際の結果の記述は，基本的には上の 4 つの内容を過不足なく書いておけば大丈夫です。しっかりと覚えておいてください。以降の分析のたびに出てきます。

　各群の記述統計量などは，文章内に書く場合もあれば，文章とは別に図表にまとめる場合もあります。今回は省略します。

　最後に，もう一度確認しておきましょう。ここで明らかになった「心理学部の学生のスマホ利用時間と経済学部の学生のスマホ利用時間の分散は等しい」というのは，手元のサンプルのことについて言及しているのではありません。あくまでも，サンプルの背後にある心理学部の学生全

体と経済学部の学生全体（全国にどのくらいいるかはわかりませんが）のことについて言及しているのです。ついつい，手元のデータのことについて話をしているように勘違いしてしまうことがありますが，あくまでも明らかにしようとしているのは母集団のことであることを忘れないようにしてください。

練習問題 18

　　以下の練習問題について，検定をおこない，そして結果を文章にまとめてみましょう。「男性 8 人と女性 9 人に，あるゲームをおこなってもらったところ，男性と女性のゲームの得点の不偏分散がそれぞれ 32 と 8 ということが明らかとなった。男性と女性のゲームの得点の分散は等しいと言えるかどうか」。

コラム 15　対応ありデータと対応なしデータ

　　データは，**対応なし**と**対応あり**の 2 種類に分けられます。参加者間デザイン（異なったグループ間の比較）で得られたデータは，対応なしデータといいます[17]。例えば，男性と女性それぞれにスマホ利用時間を測定して，性別による違いを検討するといった場合のデータです。それに対して，参加者内デザイン（同一グループ内での比較）で得られたデータは，対応ありデータといいます。例えば，同じ対象にストレッチ前と後の気分を測定して，その前後の違いを検討するといった場合のデータです。データが対応なしか対応ありかによって，分析方法はまったく変わってくるので，間違わないようにする必要があります。これは，データを得てから判明するのではなく，あくまでも研究のデザイン（組み立て方）によって変わってくるものなので，データを得る前にすでにわかっているものになります。

　　これらについては，後ほど（11 章以降で）改めて説明します。

コラム 16　有意水準と検定結果の記述方法

　　以前説明したように，有意水準は基本的には，5 ％，1 ％，そして 0.1％が使われていました。そして，有意であった場合には，以下のように p と不等号（＜）を使って結果が表記されていました。

　　　　5 ％水準で有意→　$p < .05$
　　　　1 ％水準で有意→　$p < .01$
　　　　0.1％水準で有意→ $p < .001$
　　　　有意でない→ *n.s.*

　　しかし，最近は記述の仕方が変わってきました。
　　0.1％ 水準で有意な場合のみ $p < .001$ と表記し，それ以外の場合は p 値そのものをそのまま書くようになりました。例えば，$p = .631$ や $p = .027$ といったようにです。有意水準で単純に有意か否か区切るのではなく，連続的に扱う効果量（18 章）の考え方にあわせた表記の仕方が意図されたものといえます。

17　厳密にはそうとは限りませんが，とりあえずそのように理解していてください。

11章 対応のない平均値の差の検定（分散が等しい場合）

　ここでは，**平均値の差の検定**について説明します。これは，サンプルのデータから2つの平均値が得られたときに，それをもとに母集団において平均値に違いがあるかどうかを知るための方法です。簡単にいうと，2つの母集団の平均値に違いがあるかどうか明らかにしたいときに用います。男性のスマホ利用時間の平均値と女性のスマホ利用時間の平均値を比較したいとき，また，高校生のときのスマホ利用時間の平均値と大学生になってからのスマホ利用時間の平均値を比較したいとき，などに使います。先にも書きましたが，平均値の差の検定にはいくつかの種類があります。なお，tという統計量を扱うため，t検定という場合もあります。

11-1 対応なしと対応あり

　平均値の差の検定は，まず**対応なしと対応あり**に分けることができます（p. 108 コラム 15 参照）。対応なしデータとは，異なったグループから得られたデータのことです。例えば，男性と女性，日本とアメリカ，サークルに入っている人と入っていない人，のように別々の（重なりのない）グループからそれぞれデータが得られている場合，対応なしデータという言い方をします。一方，対応ありデータとは，同じ対象から繰り返し得られたようなデータのことになります。例えば，入学前と入学後，治療前と治療後，のような同一対象からデータが得られている場合，それは対応ありデータという言い方をします。

　対応なしか対応ありかは，データがどのような方法で得られたかによって決まり，そして，同時に分析方法も決まってきます。

　対応なしデータについての平均値の差の検定は，さらに2つに分けることができます。それは，分散が等しい場合の平均値の差の検定と等しくない場合の平均値の差の検定です。これは，前もってはわかりません。データを得てから分散の等質性の検定をおこない，その結果をもとにどちらを用いるかを判断します（これについてはコラム 24（p. 200）も読んでみてください）。

　データを得る方法，そして，得られたデータの性質によって，このように種類が変わってきます。まとめてみたので確認しておいてください（図48）。

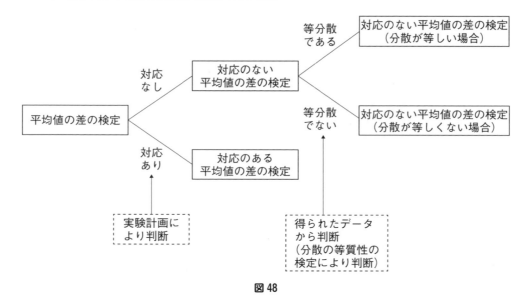

図 48

　この章では，対応なしデータについての平均値の差の検定（分散が等しい場合）について説明していきます。これは，対応のない t 検定ともいいます[18]。分散が等しくない場合の方法については 12 章で説明します。そして，対応ありデータについての平均値の差の検定については 13 章で説明します。

　なお，2 つではなく 3 つの平均値の差を検定する場合には，**分散分析**という分析方法を用いる必要があります。分散分析はとても重要な分析です。これについては 15 章と 16 章で説明します。

11 - 2　対応のない平均値の差の検定（分散が等しい場合）とその考え方

　それでは，**対応のない平均値の差の検定（分散が等しい場合）**の説明をしたいと思います。繰り返しになりますが，これは，対応なしデータの 2 つの平均値の差を検討したい場合で，かつ，それぞれのデータの分散が等しい場合に用いる分析方法です。10 章で説明した分散の等質性の検定の結果，もし等分散だったとしたらこの検定をおこなうことになります。

　考え方としては，もし心理学部の学生と経済学部の学生それぞれの母集団においてスマホ利用時間の平均値に違いがあるのであれば，その平均値の差は 0 ではなく，そこからサンプリングした心理学部の学生と経済学部の学生それぞれのサンプルのスマホ利用時間の平均値の差は 0 にならないであろう，逆に，心理学部の学生と経済学部の学生それぞれのサンプルのスマホ利用時間の平均値の差が 0 でなければ，心理学部の学生と経済学部の学生それぞれの母集団のスマホ利用時間の平均値の差は 0 でないであろう，という考え方に基づいています。つまり，手元のデータをもとに，2 つの母集団の平均値に違いがあるか知ろうとするための分析方法になります。

18　**Student の t 検定**という名称が使われることもあるようです。

11－3　推測統計の流れ

　ここで，推測統計の手続きを再掲し，流れを確認したいと思います。

┌ 手続きの流れのテンプレート ┐

／ステップ0：確認／

　はじめに，どのようなことを明らかにしたいのか，そしてそのためにはどのような分析をおこなう必要があるか，確認します。その際，データの尺度の種類を確認しておきましょう。

↓

／ステップ1：図表の作成や記述統計量の算出／

　表を作成したり，グラフを作成します。また，平均値や標準偏差などの記述統計量を計算します。これは推測統計の前におこなっておくのが基本です。

↓

／ステップ2：帰無仮説と対立仮説の確認／

　次に，帰無仮説と対立仮説を確認します。これをしないと，検定の結果の読み取りができなくなります。なお，この段階より前に，どの検定をおこなうのか決めておく必要があります。

↓

／ステップ3：検定統計量の値の算出／

　平均値や分散，度数などをもとに検定統計量の値を計算します。この検定統計量は，分析によって種類が異なり，また，計算の仕方も異なります。

↓

／ステップ4：棄却域とのてらしあわせと仮説の支持不支持の判断／

　分布表をもとに，検定統計量の値とてらしあわせて，帰無仮説を棄却できるか調べ，最終的な判断をおこないます。

↓

／ステップ5：結果のまとめ／

　得られた結果を文章にまとめます。

　それでは，具体的に流れを追っていきましょう。

／ステップ0：確認／

　今回は，心理学部の学生のスマホ利用時間と経済学部の学生のスマホ利用時間の平均値に違いがあるか否かを明らかにするという内容で話を進めたいと思います。

　ちなみに，すでに分散の等質性の検定をおこなって，心理学部の学生と経済学部の学生のスマホ利用時間の分散に違いがないことが確認されています（10 章参照）。それをふまえたうえで

（等分散であることを確認し終わっているため），平均値の差の検定（分散が等しい場合）に進んだという流れにあることを理解してください。なお，あくまでも今説明しているのは「平均値」の違いについての検定です。10章でおこなったのは，「分散」の違いについての検定であり，検定した内容が異なるので注意してください。

ステップ1：図表の作成や記述統計量の算出

　今回は，人数と平均値と標準偏差，そして平均値のグラフをまとめておけば OK です。

　記述統計量を算出する必要がありますが，今回はすでに準備しておくので，皆さん自身が計算しなくても大丈夫です。

　さて，心理学部の学生のスマホ利用時間（分）の平均値と標準偏差はそれぞれ 140 と 5.22，経済学部の学生のスマホ利用時間の平均値と標準偏差はそれぞれ 120 と 4.22 だったとします。そして，心理学部の学生のスマホ利用時間の不偏分散は 30.0，経済学部の学生のスマホ利用時間の不偏分散は 20.0 です。人数は，心理学部の学生は 11 人，経済学部の学生は 9 人です。これは，等分散であることが確認された 10 章の例題のデータです。なお，平均値のグラフは図 49 のようになります。

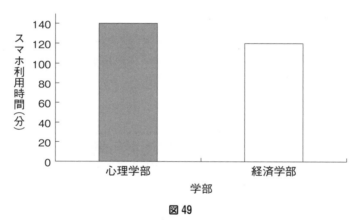

図 49

ステップ2：帰無仮説と対立仮説の確認

　統計的仮説検定をおこなう前に，帰無仮説と対立仮説を確認します。これらについては，すでに説明しましたが，覚えているでしょうか。帰無仮説は1点に定まる方が当てはまります。対立仮説は，無限のバリエーションがある方が当てはまります。この場合，1点に定まるのは「心理学部の学生のスマホ利用時間と経済学部の学生のスマホ利用時間の平均値が等しい（違いがない，差がない，差が0である）」です。つまり，これがこの場合の帰無仮説です。となると，「心理学部の学生のスマホ利用時間と経済学部の学生のスマホ利用時間の平均値が異なる（違いがある，差がある，差が0ではない）」が対立仮説となります。3 違うのか，20 違うのか，50 違うのか，1.5 倍なのか，2 倍なのかなど，違う場合には無限のバリエーションがあるからです。

> 帰無仮説：心理学部の学生のスマホ利用時間の平均値 ＝ 経済学部の学生のスマホ利用
> 　　　　　時間の平均値
> 対立仮説：心理学部の学生のスマホ利用時間の平均値 ≠ 経済学部の学生のスマホ利用
> 　　　　　時間の平均値

もっと簡単に要点だけ書くとこのようになります。

　　　　帰無仮説：「平均値が等しい」
　　　　対立仮説：「平均値が等しくない」

　もし，検定の結果，帰無仮説が棄却されたならば，つまり，帰無仮説が間違いだと判断されたならば，対立仮説を採択し，「心理学部の学生のスマホ利用時間と経済学部の学生のスマホ利用時間の平均値が異なる」といえることになります。もし，帰無仮説が棄却できないとすると，「心理学部の学生のスマホ利用時間と経済学部の学生のスマホ利用時間の平均値が等しい」ということになります。

　それでは帰無仮説を棄却できるかどうか分析をおこなってみましょう。

ステップ3：検定統計量の値の算出

　分散が等しい場合の t 値の計算方法は以下のとおりです。

$$t = \frac{平均値_A - 平均値_B}{\sqrt{\left(\dfrac{(データの数_A - 1) \times 不偏分散_A + (データの数_B - 1) \times 不偏分散_B}{データの数_A + データの数_B - 2}\right)\left(\dfrac{1}{データの数_A} + \dfrac{1}{データの数_B}\right)}}$$

　それぞれの記号の右についているアルファベットは，グループを識別するためのアルファベットです。今回であれば，心理学部の学生のデータについてはAを，経済学部の学生のデータについてはBをつけています。

　まとめると表29のようになります。

表29

	心理学部の学生	経済学部の学生
平均値	平均値 $_A$	平均値 $_B$
不偏分散	不偏分散 $_A$	不偏分散 $_B$
データの数	データの数 $_A$	データの数 $_B$

　さて，ここで式に戻りましょう。分数の上の方（つまり分子）は，2つの群の平均値の差となります。分数の下の方（つまり分母）は，ちょっとややこしいでしょうか。両方の群を合わせた分散を用いているのですが，ここでは詳しくは説明しません。次で具体的な数字を当てはめていくので，どこに何を入れればよいかをまずは確認してください。

　それでは，計算してみましょう。

　今回，心理学部の学生のスマホ利用時間（分）の平均値は140，不偏分散は30.0，経済学部の学生のスマホ利用時間（分）の平均値は120，不偏分散は20.0でした。先ほども書きましたが，ここでは心理学部の学生の方を1つ目の群（A），経済学部の学生の方を2つ目の群（B）とします。

そして，これらの数値を先ほどの式に当てはめると，以下のようになります。

$$t = \frac{140 - 120}{\sqrt{\left(\dfrac{(11-1) \times 30.0 + (9-1) \times 20.0}{11 + 9 - 2}\right) \times \left(\dfrac{1}{11} + \dfrac{1}{9}\right)}}$$

$$= \frac{20}{\sqrt{\left(\dfrac{10 \times 30.0 + 8 \times 20.0}{18}\right) \times \left(\dfrac{1}{11} + \dfrac{1}{9}\right)}}$$

$$= \frac{20}{\sqrt{\left(\dfrac{300 + 160}{18}\right) \times \left(\dfrac{9}{99} + \dfrac{11}{99}\right)}}$$

$$= \frac{20}{\sqrt{\dfrac{460}{18} \times \dfrac{20}{99}}}$$

$$= \frac{20}{\sqrt{5.1627}}$$

$$= \frac{20}{2.272}$$

$$= 8.803$$

ここで，あと1つ計算をする必要があります。自由度です。

$$\text{自由度} = \text{データの数}_A + \text{データの数}_B - 2$$

2つの群のデータの数を足して，そこから2を引けば算出できます。

さて，今回は，自由度＝ 11 ＋ 9 － 2 ＝ 18 となります。

ステップ4：棄却域とのてらしあわせと仮説の支持不支持の判断

さて，それではここで t 分布表を見てみましょう（p. 211 付表4）[19]。有意水準が5％のところを見ることにします。t 分布表の場合は，たいてい，いくつかの有意水準についての表が1つにまとまっていますので，間違わずに5％のところを見てください。

それでは，表の上の5％のところを見てみましょう（表30）。そして今度は，自由度が18のところを左側から探してみましょう。そして，上と左のクロスしたところの数字を読み取ります。

19　実は，母平均の信頼区間を算出する際に使用した t 分布表（p. 209 付表2）と同じです。信頼区間の観点で見たのか，有意水準の観点で見たのかの違いだけです。

表 30

		有意水準		
		5 %	1 %	0.1%
自由度	1	12.71	63.66	636.62
	2	4.30	9.93	31.60
	3	3.18	5.84	12.92
	4	2.78	4.60	8.61
	5	2.57	4.03	6.87
	6	2.45	3.71	5.96
	7	2.37	3.50	5.41
	8	2.31	3.36	5.04
	9	2.26	3.25	4.78
	10	2.23	3.17	4.59
	11	2.20	3.11	4.44
	12	2.18	3.06	4.32
	13	2.16	3.01	4.22
	14	2.15	2.98	4.14
	15	2.13	2.95	4.07
	16	2.12	2.92	4.02
	17	2.11	2.90	3.97
	18 →	2.10	2.88	3.92
	19	2.09	2.86	3.88

数字は 2.10 でした。これが，自由度 18 のときの t 分布における臨界値となります。

ここで，下（図 50）のような図を書いてみましょう。

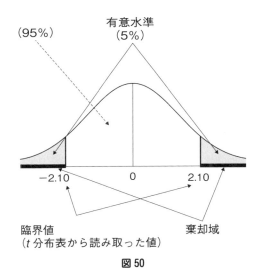

図 50

　まず，t 分布の（ような）形を書き，その後，先ほどの臨界値のあたりに縦に線を引いて，その右側を塗りつぶしてください。また，臨界値の負の値（マイナスをつけた値）の左側も塗りつぶしてください。

　これで準備は整いました。この塗りつぶしたところが有意水準であり，塗りつぶしたところの下の横軸の範囲が棄却域になります。

　もしサンプルのデータから算出した検定統計量の値（ここでは t 値）が棄却域の中に入っていれば，それは有意水準を 5 ％としたときに帰無仮説を棄却できる（間違いだと判断できる）ということになります。つまり，滅多にない値なので，帰無仮説の方がおかしいと判断して帰無仮説の方を棄却する（間違いだとする）のです。もし，サンプルのデータから算出した検定統計量の値が棄却域の中に入っていなければ，帰無仮説は棄却できない（間違いだと判断できない）ことになります。

　さて，今回の t 値は 8.80 です。つまり，今回の棄却域の中に入っています（図 51）。そのため，「帰無仮説を 5 ％水準で棄却できる」ということができます。

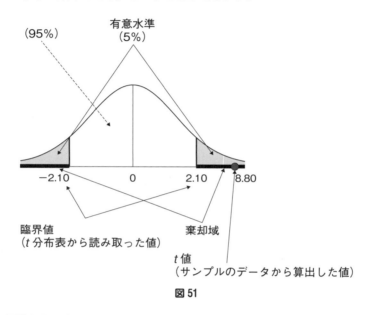

図 51

　さて，帰無仮説を思い出してみましょう。今回の帰無仮説は「心理学部の学生のスマホ利用時間と経済学部の学生のスマホ利用時間の平均値が等しい（違いがない，差がない，差が 0 である）」でした。今回の分析結果から，この帰無仮説を確率論的に間違いだと判断することになります。つまり，帰無仮説が棄却されることになります。そして，対立仮説である「心理学部の学生のスマホ利用時間と経済学部の学生のスマホ利用時間の平均値が異なる（違いがある，差がある，差が 0 ではない）」を採択するということになります。

　したがって，今回のデータから「心理学部の学生のスマホ利用時間と経済学部の学生のスマホ利用時間の平均値が異なる」と判断することができます。

ステップ 5：結果のまとめ

　これが，対応なしの平均値の差の検定（分散が等しい場合）の一連の流れです。
　そしてこれを文章にまとめると，下のようになります。あくまでも一例です。

　　「心理学部の学生のスマホ利用時間の平均値（M = 140, SD = 5.22）と経済学部の学生のスマホ利用時間の平均値（M = 120, SD = 4.22）が異なるか，平均値の差の検定をおこなった。t(18) = 8.80 であり，5 ％水準で有意であった。したがって，心理学部の

学生のスマホ利用時間の平均値が経済学部の学生のスマホ利用時間の平均値よりも大きいことが明らかとなった」。

ここで，各部分の説明を追加しておきます。

それぞれの群について，括弧の中で記述統計量（ここでは平均値と標準偏差）を書きます。平均値は M で表記します。標準偏差は，前に説明したように SD で表記します。なお，統計記号はイタリック（斜体）で表記するのが一般的です。

$t(18) = 8.80$ とありますが，括弧の中の数字は自由度を書きます。今回，自由度は 18 で，t 値は 8.80 なので，$t(18) = 8.80$ という表記になります。

そして，有意であったかどうかを書きます。今回は 5 ％を有意水準とするので，「5 ％水準で有意であった」と書き，もし 1 ％を有意水準とした場合は，「1 ％水準で有意であった」のように書きます。有意でなかった場合は，「○％水準で有意ではなかった」と書けばよいです。

また，平均値の差の検定を含めて，ほとんどの検定では，たとえ違いがあるという判断になってもその違いの方向についてはわかりません。今回の場合，平均値が等しくないということがわかったとしても，2 群のどちらの平均値が大きいのかについては検定からは判断できません。そこで，サンプルの平均値の大小を見て判断します。今回は，心理学部の学生のスマホ利用時間の平均値は 140 分，経済学部の学生のスマホ利用時間の平均値は 120 分でした。このことから，心理学部の学生のスマホ利用時間の平均値の方が，経済学部の学生のそれよりも大きいことが判断できます。そこで，結果を書く際にはそのことも含めて書くことになります。

それをふまえたうえで，もう一度先ほどの文章を見てください。

 （1）心理学部の学生のスマホ利用時間の平均値（$M = 140$，$SD = 5.22$）と経済学部の
   学生のスマホ利用時間の平均値（$M = 120$，$SD = 4.22$）が異なるか，
 （2）平均値の差の検定をおこなった。
 （3）$t(18) = 8.80$ であり，5 ％水準で有意であった。
 （4）したがって，心理学部の学生のスマホ利用時間の平均値が経済学部の学生のスマ
   ホ利用時間の平均値よりも大きいことが明らかとなった。

4 つのブロックになっていることも確認できたかと思います。それぞれのブロックの内容は下のとおりです。

 （1）何を明らかにしようとしたのか。
 （2）何の検定をおこなったのか，どのような分析をおこなったのか。
 （3）検定統計量の値（今回は t 値）や自由度，そして有意であったかどうか（有意水準
   含む）。
 （4）結果として何がいえるか。

分析方法により若干異なる場合もありますが，推測統計をおこなった際の結果の記述は，基本的には上の 4 つの内容を過不足なく書いておくことが基本となります。しっかりと覚えておいて

ください。ちなみに，各群の記述統計量などは，数が多い場合は文章とは別に表にまとめる場合もあります。

　最後に，もう一度確認しておきましょう。ここで明らかになった「心理学部の学生のスマホ利用時間の平均値が経済学部の学生のスマホ利用時間の平均値よりも大きい」というのは，手元のサンプルのことについて言及しているのではありません。あくまでも，サンプルの背後にある心理学部の学生全体と経済学部の学生全体（全国にどのくらいいるかはわかりませんが）のことについて言及しているのです。ついつい，手元のデータのことについて話をしているように勘違いしてしまうことがありますが，あくまでも，明らかにしようとしているのは母集団のことであることを忘れないようにしてください。

練習問題 19

　以下の練習問題について，検定をおこない，そして結果を文章にまとめてみましょう。
「男性 10 人と女性 12 人のスマホ利用時間（分）を測定したところ，男性と女性のスマホ利用時間の平均値はそれぞれ 120 と 80 ということが明らかになった。男性と女性のスマホ利用時間の平均値は等しいといえるかどうか。なお，不偏分散はそれぞれ 35.0 と 30.0 である」。

　ただし，等分散であることが確認されているものとします。

12章 対応のない平均値の差の検定（分散が等しくない場合）

　ここでは，平均値の差の検定の中の，分散が等しくない場合の方法について説明していきます。この方法は，**Welch の *t* 検定**ともいいます。

12-1　対応のない平均値の差の検定（分散が等しくない場合）とその考え方

　それでは，**対応のない平均値の差の検定（分散が等しくない場合）**の説明をしたいと思います。これは，対応なしデータの2つの平均値の差を検討したい場合で，かつ，それぞれのデータ群の分散が等しくない場合に用いる分析方法です。10章で説明した分散の等質性の検定の結果，もし，等分散でなかったら，この検定をおこなうことになります。

　考え方としては，分散が等しい場合の方法と同じです（11章参照）。手元のサンプルのデータをもとに，母集団の平均値に違いがあるか知ろうとするための分析方法になります。

12-2　推測統計の流れ

　ここで，推測統計の手続きを再掲し，流れを確認したいと思います。

手続きの流れのテンプレート

ステップ0：確認

　はじめに，どのようなことを明らかにしたいのか，そしてそのためにはどのような分析をおこなう必要があるか，確認します。その際，データの尺度の種類を確認しておきましょう。

↓

ステップ1：図表の作成や記述統計量の算出

　表を作成したり，グラフを作成します。また，平均値や標準偏差などの記述統計量を計算します。これは推測統計の前におこなっておくのが基本です。

↓

ステップ2：帰無仮説と対立仮説の確認

　次に，帰無仮説と対立仮説を確認します。これをしないと，検定の結果の読み取りができなくなります。なお，この段階より前に，どの検定をおこなうのか決めておく必要があります。

↓

ステップ3：検定統計量の値の算出

　平均値や分散，度数などをもとに検定統計量の値を計算します。この検定統計量は，分析によって種類が異なり，また，計算の仕方も異なります。

↓

ステップ4：棄却域とのてらしあわせと仮説の支持不支持の判断

　分布表をもとに，検定統計量の値をてらしあわせて，帰無仮説を棄却できるか調べ，最終的な判断をおこないます。

↓

ステップ5：結果のまとめ

　得られた結果を文章にまとめます。

　それでは，具体的に流れを追っていきましょう。

ステップ0：確認

　今回は，居住形態が自宅か下宿（アパート住まい）かによってある一定期間におけるスマホゲームのダウンロード数に違いがあるかについて明らかにするという内容で話を進めたいと思います。

　ちなみに，すでに分散の等質性の検定をおこなって，自宅生と下宿生のスマホゲームのダウンロード数の分散に違いがあることが確認されているとします（分散の等質性の検定については10章参照）。それをふまえたうえで（等分散でないことを確認し終わっているため），平均値の差の検定（等分散でない場合）に進んだという流れにあることを理解してください。

　なお，あくまでも今説明しているのは「平均値」の違いについての検定です。10章でおこなったのは，「分散」の違いについての検定であり，検定した内容が異なるので注意してください。

ステップ1：図表の作成や記述統計量の算出

　記述統計量を算出する必要があります。ただし，今回は準備しておくので，皆さんが計算しなくても大丈夫です。

　さて，自宅生のスマホゲームダウンロード数（個）の平均値と標準偏差はそれぞれ3.5と2.68，下宿生のスマホゲームダウンロード数（個）の平均値と標準偏差はそれぞれ3.4と1.35だったとします。そして，不偏分散は自宅生が8.00，下宿生が2.00だとします。ちなみに，自宅生は10人，下宿生は11人とします。

　なお，平均値のグラフは図52のようになります。

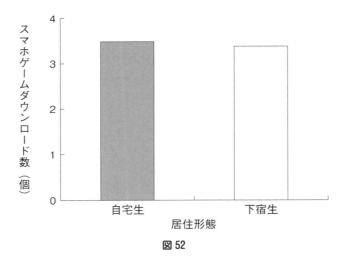

図 52

ステップ2：帰無仮説と対立仮説の確認

　推測統計をおこなう前に，帰無仮説と対立仮説を確認します。今回は，スマホゲームダウンロード数の平均値について，自宅生と下宿生で違いがあるかどうか明らかにしたいと思います。帰無仮説は1点に定まる方が当てはまります。対立仮説は，無限のバリエーションがある方が当てはまります。

　今回，1点に定まるのは「自宅生のスマホゲームダウンロード数と下宿生のスマホゲームダウンロード数の平均値が等しい（違いがない，差がない，差が0である）」です。つまり，これが帰無仮説です。そして「自宅生のスマホゲームダウンロード数と下宿生のスマホゲームダウンロード数の平均値が異なる（違いがある，差がある，差が0ではない）」が対立仮説となります。違う場合には無限のバリエーションがあるからです。

　　　　帰無仮説：自宅生のスマホゲームダウンロード数の平均値 ＝ 下宿生のスマホゲームダ
　　　　　　　　　ウンロード数の平均値
　　　　対立仮説：自宅生のスマホゲームダウンロード数の平均値 ≠ 下宿生のスマホゲームダ
　　　　　　　　　ウンロード数の平均値

もっと簡単に要点だけ書くとこのようになります。

　　　　帰無仮説：「平均値が等しい」
　　　　対立仮説：「平均値が等しくない」

　もし，検定の結果帰無仮説が棄却されたならば，つまり，帰無仮説が間違いだと判断されたならば，対立仮説を採択し「自宅生のスマホゲームダウンロード数と下宿生のスマホゲームダウンロード数の平均値が異なる」といえることになります。もし，帰無仮説が棄却できないとすると，「自宅生のスマホゲームダウンロード数と下宿生のスマホゲームダウンロード数の平均値が等しい」ということになります。

　それでは帰無仮説を棄却できるかどうか分析をおこなってみましょう。

／ステップ3：検定統計量の値の算出／

分散が等しくない場合の t という値の計算方法は以下のとおりです。

なお，それぞれの右についているアルファベットは，グループを識別するためのアルファベットです。今回であれば，自宅生のデータについてはAを，下宿生のデータについてはBをつけて（添えて）います。

$$t = \frac{平均値_A - 平均値_B}{\sqrt{\left(\dfrac{不偏分散_A}{データの数_A} + \dfrac{不偏分散_B}{データの数_B}\right)}}$$

まとめると表31のようになります。

表31

	自宅生	下宿生
平均値	平均値$_A$	平均値$_B$
不偏分散	不偏分散$_A$	不偏分散$_B$
データの数	データの数$_A$	データの数$_B$

さて，ここで式に戻りましょう。

分数の上の方（つまり分子）は，2つの群の平均値の差となります。分数の下の方（つまり分母）は，2つの群それぞれの不偏分散をデータの数で割ったものを足し合わせて，その平方根をとればよいです。

それでは，計算してみましょう。

今回，自宅生のスマホゲームダウンロード数の平均値は3.5，不偏分散は8.00，データの数は10でした。そして，下宿生のスマホゲームダウンロード数の平均値は3.4，不偏分散は2.00，データの数は11でした。

これらの数値を先ほどの式に当てはめると，以下のようになります。

$$t = \frac{(3.5 - 3.4)}{\sqrt{\dfrac{8.00}{10} + \dfrac{2.00}{11}}} = \frac{0.1}{\sqrt{0.80 + 0.18}} = \frac{0.1}{0.98} = 0.10$$

ここで，あと1つ計算をする必要があります。自由度です。

$$自由度 = \frac{\left(\dfrac{不偏分散_A}{データの数_A} + \dfrac{不偏分散_B}{データの数_B}\right)^2}{\dfrac{不偏分散_A{}^2}{データの数_A{}^2(データの数_A - 1)} + \dfrac{不偏分散_B{}^2}{データの数_B{}^2(データの数_B - 1)}}$$

ややこしいですね。一つ一つ計算していけば大丈夫なので，落ち着いて順に計算してください。

さて，今回は，以下のようになります。

$$\text{自由度} = \frac{\left(\dfrac{8.00}{10} + \dfrac{2.00}{11}\right)^2}{\dfrac{8.00^2}{10^2(10-1)} + \dfrac{2.00^2}{11^2(11-1)}}$$

$$= \frac{\left(\dfrac{8 \times 11}{10 \times 11} + \dfrac{2 \times 10}{11 \times 10}\right)^2}{\dfrac{64}{100 \times 9} + \dfrac{4}{121 \times 10}}$$

$$= \frac{\left(\dfrac{88}{110} + \dfrac{20}{110}\right)^2}{\dfrac{64}{900} + \dfrac{4}{1210}}$$

$$= \frac{\left(\dfrac{108}{110}\right)^2}{\dfrac{64 \times 1210}{900 \times 1210} + \dfrac{4 \times 900}{1210 \times 900}}$$

$$= \frac{\dfrac{11664}{12100}}{\dfrac{77440}{1089000} + \dfrac{3600}{1089000}}$$

$$= \frac{\dfrac{11664}{12100}}{\dfrac{77440 + 3600}{1089000}}$$

$$= \frac{\dfrac{11664}{12100}}{\dfrac{81040}{1089000}}$$

$$= \frac{0.964}{0.074}$$

$$= 13.03$$

自由度は 13.03 です。

ステップ 4：棄却域とのてらしあわせと仮説の支持不支持の判断

　さて，それではここで t 分布表を見てみましょう（p. 211 付表 4）。有意確率が 5 ％のところを見ることにします。表の上の 5 ％のところを見てみましょう（表 32）。そして今度は，自由度が 13（この場合，小数点以下は切り捨てます。13.03 → 13）のところを左側から探してみましょう。そして，上と左のクロスしたところの数字を読み取ります。

表 32

		有意水準		
		5 %	1 %	0.1%
自由度	1	12.71	63.66	636.62
	2	4.30	9.93	31.60
	3	3.18	5.84	12.92
	4	2.78	4.60	8.61
	5	2.57	4.03	6.87
	6	2.45	3.71	5.96
	7	2.37	3.50	5.41
	8	2.31	3.36	5.04
	9	2.26	3.25	4.78
	10	2.23	3.17	4.59
	11	2.20	3.11	4.44
	12	2.18	3.06	4.32
	13	2.16	3.01	4.22
	14	2.15	2.98	4.14
	15	2.13	2.95	4.07

　数字は 2.16 でした。これが，自由度が 13 のときの t 分布における，臨界値となります。

　ここで，下（図 53）のような図を書いてみましょう。

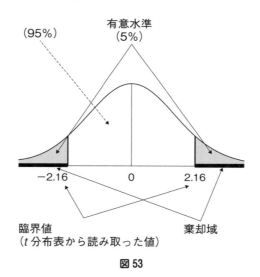

図 53

　まず，t 分布の（ような）形を書き，その後，先ほどの臨界値のあたりに縦に線を引いて，その右側を塗りつぶしてください。また，臨界値の負の値（マイナスをつけた値）の左側も塗りつぶしてください。

　この塗りつぶしたところが有意水準で，塗りつぶしたところの下の横軸の範囲が棄却域でしたね。

　もしサンプルのデータから算出した検定統計量の値（ここでは t 値）が棄却域の中に入っていれば，それは有意水準を 5 ％にしたときに，帰無仮説を棄却できる（間違いだと判断できる）と

いうことになります。つまり，あまりにもレアな値となっているために帰無仮説の方が間違っていると判断する，ということになります。

　さて，今回の t 値は 0.10 です。つまり，今回の棄却域の中に入っていません（図 54）。

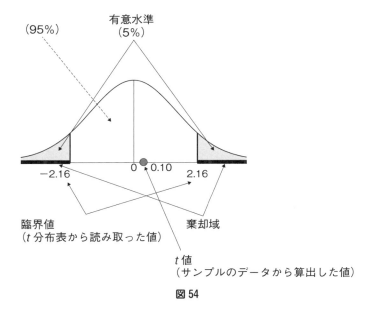

図 54

　そのため，「帰無仮説を 5 ％水準で棄却できない」と言うことができます。

　さて，帰無仮説を思い出してみましょう。今回の帰無仮説は「自宅生のスマホゲームダウンロード数と下宿生のスマホゲームダウンロード数の平均値が等しい（違いがない，差がない，差が 0 である）」でした。これを確率論的に間違いだと判断しないことになります。つまり，帰無仮説が棄却されないことになります。

　したがって，今回のデータから「自宅生のスマホゲームダウンロード数と下宿生のスマホゲームダウンロード数の平均値に違いが認められなかった」と判断することができるのです（表現についてはコラム 17 参照）。

ステップ 5：結果のまとめ

　これが，平均値の差の検定（分散が等しくない場合）の一連の流れです。

　そしてこれを文章にまとめると，下のようになります。あくまでも一例です。

> 「自宅生のスマホゲームダウンロード数の平均値（$M = 3.5$, $SD = 2.68$）と下宿生のスマホゲームダウンロード数の平均値（$M = 3.4$, $SD = 1.35$）が異なるか，平均値の差の検定をおこなった。$t(13.03) = 0.10$ であり，有意ではなかった。したがって，自宅生のスマホゲームダウンロード数の平均値と下宿生のスマホゲームダウンロード数の平均値に違いがあるとはいえないことが明らかとなった」。

ここで，各部分の説明を追加しておきます。

それぞれの群について，括弧の中で記述統計量（ここでは平均値と標準偏差）を書きます。

$t(13.03) = 0.10$ とありますが，括弧の中の数字は自由度を書きます。今回，自由度は 13.03 で，

t 値は 0.10 なので，$t(13.03) = 0.10$ という表記になります。

　そして，何％を有意水準としたかを書きます。今回は 5 ％水準では有意でなかったので，「5 ％水準で有意ではなかった」と書きます。

　また，平均値の差の検定を含めて，ほとんどの検定では，もし違いがあるという判断になっても，その違いの方向についてはわかりません。今回の場合，平均値が異なるわけではないということがわかったので関係はありませんが，もしも違いがあるとわかった場合は 2 群のどちらの平均値が大きいのかについては検定からは判断できませんので，サンプルの平均値の大小を見て判断します。そして，結果を書く際にはそのことも含めて書くことになります。

　それをふまえたうえで，もう一度先ほどの文章を見てください。

　　　　（1）自宅生のスマホゲームダウンロード数の平均値（$M = 3.5$，$SD = 2.68$）と下宿生
　　　　　　のスマホゲームダウンロード数の平均値（$M = 3.4$，$SD = 1.35$）が異なるか，
　　　　（2）平均値の差の検定をおこなった。
　　　　（3）$t(13.03) = 0.10$ であり，有意ではなかった。
　　　　（4）したがって，自宅生のスマホゲームダウンロード数の平均値と下宿生のスマホゲ
　　　　　　ームダウンロード数の平均値に違いがあるとはいえないことが明らかとなった。

　4 つのブロックになっていることも確認できたかと思います。それぞれのブロックの内容は下のとおりです。

　　　　（1）何を明らかにしようとしたのか。
　　　　（2）何の検定をおこなったのか，どのような分析をおこなったのか。
　　　　（3）検定統計量の値（今回は t 値）や自由度，そして有意であったかどうか（有意水準
　　　　　　含む）。
　　　　（4）結果として何がいえるか。

　分析方法により若干異なる場合もありますが，推測統計をおこなった際の結果の記述は，基本的には上の 4 つの内容を過不足なく書いておくことが基本となります。しっかりと覚えておいてください。ちなみに，各群の記述統計量などは，数が多い場合は文章とは別に表にまとめる場合もあります。

　最後に，もう一度確認しておきましょう。ここで明らかになった「自宅生のスマホゲームダウンロード数の平均値と下宿生のスマホゲームダウンロード数の平均値に違いがあるとはいえない」というのは，手元のサンプルのことについて言及しているのではありません。あくまでも，サンプルの背後にある自宅生と下宿生全体のことについて言及しているのです。ついつい，手元のデータのことについて話をしているように勘違いしてしまうことがありますが，あくまでも明らかにしようとしているのは母集団のことであることを忘れないようにしてください。

　以下の練習問題について，検定をおこない，そして結果を文章にまとめてみましょう。「ある生理指標（生理指標 Ω（オメガ））について，健常群 11 人と患者群 8 人を対象に測定したところ，健常群と患者群の生理指標の平均値はそれぞれ 40.0 と 80.0 ということが明らかになった。健常群と患者群の生理指標の値の平均値は等しいといえるかどうか。なお，不偏分散はそれぞれ 14.0 と 52.0 である」。

　ただし，等分散でないことが確認されているものとします。

コラム 17　有意でなかった場合の表現

　例えば，平均値の差の検定で帰無仮説が棄却されなかった場合，ついつい「○の平均値と△の平均値が等しい」と考えてしまいがちです。しかし，検定では「等しいということが確率論的に棄却されなかった」ということを示しただけであり，「等しい」ということを証明したわけではありません。そのため，「等しいことが明らかになった」とすると問題があることになります。そこで，一般的には「有意差が認められなかった」とか「違いが認められなかった」といった表現にとどめます。

13章　対応のある平均値の差の検定

　それでは，対応ありデータについての平均値の差の検定について説明していきます。なお，前にも説明しましたが，対応ありデータとは，参加者内計画によって得られたデータのことです。つまり，同一対象のグループから繰り返し得られたデータのことになります。例えば，同一対象者における大学入学前と後での生活の充実感を比較したい場合や，2つの映像を見てそれぞれの印象の比較をおこないたい場合などに用います。

13-1　対応のある平均値の差の検定とその考え方

　考え方として，もし母集団において大学入学前の生活の充実感（1回目）と大学入学後の生活の充実感（2回目）のデータに違いがあれば，その平均値の差は0ではなく，そこからサンプリングして得られたサンプルにおいても大学入学前の生活の充実感（1回目）と大学入学後の生活の充実感（2回目）のデータの平均値の差は0にならないであろう，逆に，サンプルの大学入学前の生活の充実感（1回目）と大学入学後の生活充実感（2回目）のデータの平均値の差が0でなければ，母集団において大学入学前の生活の充実感（1回目）と大学入学後の生活の充実感（2回目）のデータの平均値の差は0ではないあろう，という考え方に基づいています。つまり，手元のデータをもとに，母集団における繰り返し得られた2つの平均値に違いがあるか知ろうとするための分析方法になります。

13-2　推測統計の流れ

　ここで，推測統計の流れについて再確認したいと思います。

手続きの流れのテンプレート

ステップ0：確認

　はじめに，どのようなことを明らかにしたいのか，そしてそのためにはどのような分析をおこなう必要があるか，確認します。その際，データの尺度の種類を確認しておきましょう。

↓

ステップ1：図表の作成や記述統計量の算出

　　表を作成したり，グラフを作成します。また，平均値や標準偏差などの記述統計量を計算します。これは推測統計の前におこなっておくのが基本です。

↓

ステップ2：帰無仮説と対立仮説の確認

　　次に，帰無仮説と対立仮説を確認します。これをしないと，検定の結果の読み取りができなくなります。なお，この段階より前に，どの検定をおこなうのか決めておく必要があります。

↓

ステップ3：検定統計量の値の算出

　　平均値や分散，度数などをもとに検定統計量の値を計算します。この検定統計量は，分析によって種類が異なり，また，計算の仕方も異なります。

↓

ステップ4：棄却域とのてらしあわせと仮説の支持不支持の判断

　　分布表をもとに，検定統計量の値をてらしあわせて，帰無仮説を棄却できるか調べ，最終的な判断をおこないます。

↓

ステップ5：結果のまとめ

　　得られた結果を文章にまとめます。

それでは，具体的に流れを追っていきましょう。

ステップ0：確認

　　今回は，大学入学前の生活の充実感の違いについて明らかにするという内容で話を進めたいと思います。今回は，10人を対象に調査をおこなったということにしましょう。まずは大学入学前の生活を思い出してもらい，そのときの充実感を100点満点で回答してもらいます。それから，今（大学入学後）の生活の充実感も100点満点で回答してもらいます。これを生活充実感得点とします。

ステップ1：図表の作成や記述統計量の算出

　　記述統計量を算出する必要がありますが，今回は準備しておくので，皆さんが計算しなくても大丈夫です。

　　さて，入学前の生活充実感得点（点）の平均値は60，標準偏差は10.2，入学後の生活充実感得点（点）の平均値は80，標準偏差は11.8でした。ちなみに，人数は10人です。

ステップ2：帰無仮説と対立仮説の確認

　　推測統計をおこなう前に，帰無仮説と対立仮説を確認します。帰無仮説は1点に定まる方が当

てはまります。対立仮説は，無限のバリエーションがある方が当てはまります。この場合，1点に定まるのは「大学入学前の生活充実感得点の平均値と大学入学後の生活充実感得点の平均値が等しい（違いがない，差がない，差が0である）」です。つまり，これがこの場合の帰無仮説です。そして，「大学入学前の生活充実感得点の平均値と大学入学後の生活充実感得点の平均値が異なる（違いがある，差がある，差が0ではない）」が対立仮説となります。違う場合には無限のバリエーションがあるからです。

> 帰無仮説：大学入学前の生活充実感得点の平均値 ＝ 大学入学後の生活充実感得点の平均値
>
> 対立仮説：大学入学前の生活充実感得点の平均値 ≠ 大学入学後の生活充実感得点の平均値

もっと簡単に要点だけ書くとこのようになります。

> 帰無仮説：「平均値が等しい」
>
> 対立仮説：「平均値が等しくない」

もし，検定の結果，帰無仮説が棄却されたならば，つまり，帰無仮説が間違いだと判断されたならば，対立仮説を採択し，「大学入学前の生活充実感得点の平均値と大学入学後の生活充実感得点の平均値が異なる」と言えることになります。もし，帰無仮説が棄却できないとすると，「大学入学前の生活充実感得点の平均値と大学入学後の生活充実感得点の平均値が等しい」ということになります。

それでは帰無仮説を棄却できるかどうか分析をおこなってみましょう。

ステップ3：統計量の値の算出

さて，まずはデータを確認しておきましょう（表33）。

表33

調査対象者	入学前	入学後
1	50	90
2	60	65
3	55	95
4	40	75
5	60	60
6	70	80
7	60	95
8	80	80
9	65	70
10	60	90

平均値などはすでにお伝えしているとおりです。

ここで1つ作業をおこなう必要があります。分析をおこなうために，入学前と入学後の差を計算し，そしてその差の平均値や不偏分散を計算しておく必要があるのです。

それではその値を計算するために，準備を進めましょう。まず，2つの条件の値の差を算出し

ます。そして，それらの平均値を算出します。今回は，－20 です。また，不偏分散を算出します。今回は，300.0 になります（表34）。

表34

調査対象者	入学前	入学後	入学前－入学後	
1	50	90	－40	
2	60	65	－5	
3	55	95	－40	
4	40	75	－35	
5	60	60	0	
6	70	80	－10	
7	60	95	－35	
8	80	80	0	
9	65	70	－5	
10	60	90	－30	（差の）
平均値→	60.0	80.0	－20.0	←平均値
標準偏差→	10.2	11.8	16.4	←標準偏差
			270.0	←分散
			300.0	←不偏分散

それでは，t 値を計算してみましょう。計算式は以下のとおりです。

$$t = \frac{\text{差の平均値}}{\sqrt{\dfrac{\text{差の不偏分散}}{\text{データの数}}}}$$

今回，差の平均値は －20 でした。そして，不偏分散は 300.0，データの数は 10 です。これを先ほどの式に当てはめると，以下のようになります。

$$t = \frac{\text{差の平均値}}{\sqrt{\dfrac{\text{差の不偏分散}}{\text{データの数}}}} = \frac{-20}{\sqrt{\dfrac{300.0}{10}}} = \frac{-20}{\sqrt{30}} = \frac{-20}{5.477} = -3.65$$

ここで，あと1つ計算をする必要があります。自由度です。

自由度＝データの数－1

今回は，自由度＝ 10 － 1 ＝ 9 となります。

ステップ4：棄却域とのてらしあわせと仮説の支持不支持の判断

さて，それではここで t 分布表をみてみましょう（p.211 付表4）。有意水準が5％のところを見ることにします。表の上の5％のところを見てみましょう。そして今度は，自由度が9のところを左側から探してみましょう。そして，上と左のクロスしたところの数字を読み取ります（表35）。

表 35

		有意水準		
		5 %	1 %	0.1%
自由度	1	12.71	63.66	636.62
	2	4.30	9.93	31.60
	3	3.18	5.84	12.92
	4	2.78	4.60	8.61
	5	2.57	4.03	6.87
	6	2.45	3.71	5.96
	7	2.37	3.50	5.41
	8	2.31	3.36	5.04
	9	2.26	3.25	4.78
	10	2.23	3.17	4.59
	11	2.20	3.11	4.44
	12	2.18	3.06	4.32
	13	2.16	3.01	4.22
	14	2.15	2.98	4.14
	15	2.13	2.95	4.07

数字は 2.26 でした。これが，自由度 9 のときの t 分布における臨界値となります。

ここで，下（図 55）のような図を書いてみましょう。

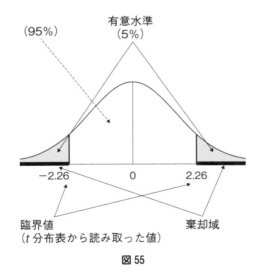

図 55

　まず，t 分布の（ような）形を書き，その後，先ほどの臨界値のあたりに縦に線を引いて，その右側を塗りつぶしてください。また，臨界値の負の値（マイナスをつけた値）の左側も塗りつぶしてください。
　この塗りつぶしたところが有意水準で，塗りつぶしたところの下の横軸の範囲が棄却域でした。

　もしサンプルのデータから算出した検定統計量の値（ここでは t 値）が棄却域の中に入っていれば，それは有意水準を 5 ％としたときに帰無仮説を棄却できる（間違いだと判断できる）とい

うことになります。つまり，滅多にない値なので，帰無仮説の方がおかしいと判断して帰無仮説の方を間違いだとするのです。もし，サンプルのデータから算出した検定統計量の値が塗りつぶしたところに入っていなければ，つまり，棄却域の中に入っていなければ，帰無仮説は棄却できない（間違いだと判断できない）ことになります。

　さて，今回の t 値は -3.65 です。つまり，今回の棄却域の中に入っています（図 56）。そのため，「帰無仮説を 5 ％水準で棄却できる」ということができます。

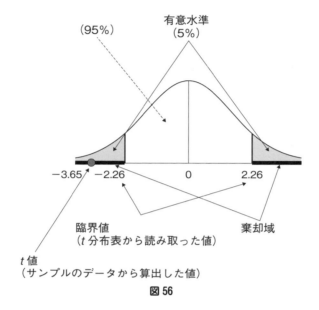

図 56

　さて，帰無仮説を思い出してみましょう。今回の帰無仮説は「大学入学前の生活充実感得点の平均値と大学入学後の生活充実感得点の平均値は等しい（違いがない，差がない，差が 0 である」でした。これを確率論的に間違いだと判断することになります。つまり，帰無仮説が棄却されることになります。そして，対立仮説である大学入学前の生活充実感得点の平均値と大学入学後の生活充実感得点の平均値が異なる（違いがある，差がある，差が 0 ではない）」を採択するということになります。

　したがって，今回のデータから「大学入学前の生活充実感得点の平均値と大学入学後の生活充実感得点の平均値が異なる」と判断することができます。

／ステップ 5：結果のまとめ ／

　これが，対応ありの 2 つの平均値差検定の一連の流れです。

　そしてこれを文章にまとめると，下のようになります。あくまでも一例です。

> 「大学入学前の生活充実感得点の平均値（$M = 60.0$，$SD = 10.2$）と大学入学後の生活充実感得点の平均値（$M = 80.0$，$SD = 11.8$）が異なるか，平均値の差の検定をおこなった。$t(9) = -3.65$ であり，5 ％水準で有意であった。したがって，大学入学前の生活充実感得点の平均値よりも大学入学後の生活充実感得点の平均値が大きいことが明らかになった」。

　ここで，各部分の説明を追加しておきます。

　それぞれの群について，括弧の中で記述統計量（ここでは平均値と標準偏差）を書きます。

　$t(9) = -3.65$ とありますが，括弧の中の数字は自由度でした。そして，何％を有意水準としたかも書きます。今回は５％を有意水準としたので，５％と書きます。もちろん，有意水準を１％とした場合は，「１％水準で有意であった」のように書きます。もし，有意でなかった場合は，「○％水準で有意ではなかった」と書けばよいです。

　また，先ほども説明しましたが，ほとんどの検定では，たとえ違いがあるという判断になっても，その違いの方向についてはわかりません。今回の場合，平均値が等しくないということがわかったとしても，大学入学前と大学入学後のどちらの得点の平均値が大きいのかについては，検定の結果からは判断できません。そこで，サンプルの平均値の大小を見て判断します。今回は，大学入学前の生活充実感得点の平均値は 60，大学入学後の生活充実感得点の平均値は 80 でした。このことから，大学入学後の生活充実感の評価の方が大学入学前の生活充実感得点の平均値が大きいことが判断できます。そこで，結果を書く際には，そのことも含めて書くことになります。

　それをふまえたうえで，もう一度先ほどの文章を見てください。

> （１）大学入学前の生活充実感得点の平均値（$M = 60$, $SD = 10.2$）と大学入学後の生活充実感得点の平均値（$M = 80$, $SD = 11.8$）が異なるか，
> （２）平均値の差の検定をおこなった。
> （３）$t(9) = -3.65$ であり，５％水準で有意であった。
> （４）したがって，大学入学前の生活充実感得点の平均値よりも大学入学後の生活充実感得点の平均値が大きいことが明らかになった。

　４つのブロックになっていることも再確認できたかと思います。それぞれのブロックの内容は下のとおりです。

> （１）何を明らかにしようとしたのか。
> （２）何の検定をおこなったのか，どのような分析をおこなったのか。
> （３）検定統計量の値（今回は t 値）や自由度，そして有意であったかどうか（有意水準含む）。
> （４）結果として何がいえるか。

　分析方法により若干異なる場合もありますが，推測統計をおこなった際の結果の記述は，基本的には上の４つの内容を過不足なく書いておくことが基本となります。

　ちなみに，各群の記述統計量などは，数が多い場合は文章とは別に表にまとめる場合もあります。

　最後に，もう一度確認しておきましょう。ここで明らかになった「大学入学前の生活充実感得点の平均値よりも大学入学後の生活充実感得点の平均値が大きい」というのは，手元のサンプルについて言及しているのではありません。あくまでも，サンプルの背後にある大学生全体のこと

について言及しているのです。あくまでも明らかにしようとしているのは母集団のことであることを忘れないようにしてください。

練習問題 21

　以下の練習問題について，検定をおこない，そして結果を文章にまとめてみましょう。「はじめに，ポジティブな気分を測定する質問への回答を求めた。次に，楽しい場面を書き表した文章を，5分間，小声でじっくりと読んでもらった。そして，再度ポジティブな気分を測定する質問への回答を求めた。その質問の得点（以降，「ポジティブ得点」）の平均値は，音読の前後で異なるであろうか。なお，対象とした人数は12名である」。

表 36

実験参加者	音読前	音読後
1	6	9
2	5	8
3	6	7
4	8	8
5	4	6
6	6	6
7	5	8
8	5	7
9	4	9
10	7	6
11	5	7
12	6	10

14章 独立性の検定

独立性の検定とは，クロス表にまとめることができるデータについての分析方法です。2つの変数が独立かどうかを明らかにするために用いられます。例えば，性別とピアス経験の有無が独立かどうか，といったときに使います。なお，χ^2（読み方は「カイジジョウ」または「カイニジョウ」）という検定統計量を扱うため，χ^2 検定という場合もあります。

14-1　クロス表と独立性の検定

クロス表とは，表37のような表のことをいいます。データのまとめ方（第2章）のところでも説明しました（p. 25 参照）。

表 37

	ピアス経験あり	ピアス経験なし	計
男性	60	300	360
女性	140	200	340
計	200	500	700

左（表側）は性別，上（表頭）はピアス経験の有無で，どちらもカテゴリーのデータ（名義尺度で測定することができるデータ）です。このように2つとも名義尺度で測定することができる場合には，上のような表にまとめることができます。男性のピアス経験あり，男性のピアス経験なし，女性のピアス経験あり，女性のピアス経験なしの人数をそれぞれカウントすれば，上の表ができあがるのです。ちなみに，このクロス表の数字が入っている枠の1つ1つを**セル**といいます。

このような場合に，性別とピアス経験の有無が独立かどうかを明らかにするために用いる分析が独立性の検定です。

なお，独立であるということは，関連がないということになります。今回の場合，男性のピアス経験の有無の割合と女性のピアス経験の有無の割合が異ならない，ということにもなります。男性も女性もピアス経験がある人の割合が同じであれば，性別とピアス経験の有無に関連がないということになります。

　一方，独立でないということは，関連があるということになります。今回の場合，男性のピアス経験の有無の割合と女性のピアス経験の有無の割合が異なる，ということになります。女性が男性よりもピアス経験がある人が多い（もしくはその逆）であれば，性別とピアス経験の有無に関連があるということになります。

　ちょっとややこしいかもしれませんが，単に日本語の表現の違いで，内容は変わりません。以下にまとめておきますので，頭の中を整理しておいてください。

$$\begin{matrix} \text{性別とピアス経験は} \\ \text{独立} \end{matrix} = \begin{matrix} \text{性別とピアス経験は} \\ \text{関連がない} \end{matrix} = \begin{matrix} \text{男性と女性でピアス経験} \\ \text{の割合は異ならない} \end{matrix}$$

$$\begin{matrix} \text{性別とピアス経験は} \\ \text{独立ではない} \end{matrix} = \begin{matrix} \text{性別とピアス経験は} \\ \text{関連している} \end{matrix} = \begin{matrix} \text{男性と女性でピアス} \\ \text{経験の割合は異なる} \end{matrix}$$

14-2　独立性の検定とその考え方

　独立性の検定そのものではありませんが，イメージを説明しておくことにしましょう。

　あるイベントで，100人の参加者枠があるとします。主催者は，100人のうち，男性は50人，女性も50人来ると想定しているとします。

　実際にイベントが始まってみると，男性が55人，女性が45人来たとします。すると，主催者の想定はそこそこ当たっているといえます。

　さて，もし，男性が60人で女性40人だとしたらどうでしょうか。まあまあ推測は当たっていたと言えるかもしれません。

　それでは，男性が80で女性が20人だったら？　男性が99人で女性が1人だったら？　ここまで来ると，推測が外れていたといわざるを得ないと思います。

　さて，ここで，当初の想定である「男性は50人，女性は50人来る（男性と女性は50対50）」というのが，帰無仮説に相当します。そして，そのそれぞれの50人と50人というのが**期待度数**というものに該当します。そして，実際に来た人数が**観測度数**になります。そして，観測度数が期待度数に近ければ，つまり，予想どおりに男女が来れば，想定は当たっているということになり，帰無仮説は問題がないという判断になります。一方，観測度数が期待度数から大きく離れれば離れるほど，つまり，予想どおりには男女が来なければ来ないほど，想定からズレているということになり，ズレの数値は大きくなり，結果として，帰無仮説はどうやら間違いだったと判断することになります。

　このように，期待度数と観測度数の離れ具合からそのズレの程度を計算し，その値から帰無仮説を棄却できるかどうか見ていくのが，独立性の検定の基本的な考え方になります。なお，期待度数は，帰無仮説が正しいと仮定した場合に得られるはずの値，ということが可能です。

14-3　推測統計の流れ

　ここで，何度も見てきた推測統計の流れの再確認です。

手続きの流れのテンプレート

ステップ0：確認

　　はじめに，どのようなことを明らかにしたいのか，そしてそのためにはどのような分析をおこなう必要があるか，確認します。その際，データの尺度の種類を確認しておきましょう。

↓

ステップ1：図表の作成や記述統計量の算出

　　表を作成したり，グラフを作成します。また，平均値や標準偏差などの記述統計量を計算します。これは推測統計の前におこなっておくのが基本です。

↓

ステップ2：帰無仮説と対立仮説の確認

　　次に，帰無仮説と対立仮説を確認します。これをしないと，検定の結果の読み取りができなくなります。なお，この段階より前に，どの検定をおこなうのか決めておく必要があります。

↓

ステップ3：検定統計量の値の算出

　　平均値や分散，度数などをもとに検定統計量の値を計算します。この検定統計量は，分析によって種類が異なり，また，計算の仕方も異なります。

↓

ステップ4：棄却域とのてらしあわせと仮説の支持不支持の判断

　　分布表をもとに，検定統計量の値をてらしあわせて，帰無仮説を棄却できるか調べ，最終的な判断をおこないます。

↓

ステップ5：結果のまとめ

　　得られた結果を文章にまとめます。

　そろそろ慣れてきたでしょうか。それでは，具体的に流れを追っていきましょう。

ステップ0：確認

　今回は，男の子と女の子が好むぬいぐるみの種類の検討という内容で話を進めたいと思います。ぬいぐるみは，カピバラとアルパカの2種類を準備して，幼稚園の男の子と女の子にどちらが好きかたずねたという内容です。

　さて，男の子と女の子は，ぬいぐるみの好みが同様であったのかそれとも異なっていたのか，検討することとします。

ステップ1：図表の作成や記述統計量の算出

　さて，今回は2つのデータともにカテゴリーのデータ（名義尺度で測定することができるデータ）なので，平均値や標準偏差は計算することができませんが，クロス表にまとめることができ

ます。まとめたものが以下の表38になります。

表38

	カピバラ	アルパカ	計
男の子	38	26	64
女の子	12	44	56
計	50	70	120

ステップ2：帰無仮説と対立仮説の確認

　推測統計をおこなう前に，帰無仮説と対立仮説を確認します。帰無仮説は1点に定まる方が当てはまります。対立仮説は，無限のバリエーションがある方が当てはまります。この場合，1点に定まるのは「性別と好むぬいぐるみ（カピバラまたはアルパカ）は独立である（性別と好むぬいぐるみは関連がない，男の子と女の子で好むぬいぐるみの割合が異ならない）」です。つまり，これがこの場合の帰無仮説です。そして，「性別と好むぬいぐるみは独立でない（性別と選んだぬいぐるみは関連がある，男の子と女の子で好むぬいぐるみの割合が異なる）」が対立仮説となります。違う場合には無限のバリエーションがあるからです。

　　　帰無仮説：性別と好むぬいぐるみは独立である
　　　対立仮説：性別と好むぬいぐるみは独立でない

もっと簡単に要点だけ書くとこのようになります。

　　　帰無仮説：「独立である」
　　　対立仮説：「独立でない」

　もし，検定の結果，帰無仮説が棄却されたならば，つまり，帰無仮説が間違いだと判断されたならば，対立仮説を採択し，「性別と好むぬいぐるみは独立でない」といえることになります。つまり，性別と好むぬいぐるみ（カピバラまたはアルパカ）は関連がある，男の子と女の子で好むぬいぐるみの割合が異なる，ということになります。

　もし，帰無仮説が棄却できないとすると，「性別と好むぬいぐるみは独立である」ということになります。つまり，性別と好むぬいぐるみは関連がない，男の子と女の子で好むぬいぐるみの割合が異ならない，ということになります。

　それでは帰無仮説を棄却できるかどうか分析をおこなってみましょう。

ステップ3：検定統計量の値の算出

　統計量の算出の前に，期待度数を算出しておく必要があります。先ほど説明したように，期待度数とは，帰無仮説が正しいとした場合に得られると想定された値のことです。

　期待度数は，期待度数を求めたいセルの右側の合計と下の合計を掛けたあとに，データ全部の数で割ることによって計算することができます。

　例えば，男の子のカピバラの期待度数は，（男の子の合計×カピバラの合計）÷全体の合計で計

算できます。表 39 を見てみましょう。実際に計算すると 64 × 50 ÷ 120 ＝ 26.67 になります。

表 39

	カピバラ	アルパカ	計
男の子	?		(64)
女の子			56
計	(50)	70	(120)

　それでは，男の子のアルパカの期待度数はいくつになるでしょうか。（男の子の合計×アルパカの合計）÷全体の合計で計算できます。実際に計算すると 64 × 70 ÷ 120 ＝ 37.33 です。

　同様に，残りのセルの期待度数も計算してみましょう。

　女の子のカピバラの期待度数は，（女の子の合計×カピバラの合計）÷全体の合計なので，計算すると 56 × 50 ÷ 120 ＝ 23.33 です。

　女の子のアルパカの期待度数は，（女の子の合計×アルパカの合計）÷全体の合計なので，実際に計算すると 56 × 70 ÷ 120 ＝ 32.67 です。

　それを括弧に入れて表に組み込んだのが下の表 40 です。帰無仮説が正しいとした場合に想定される値，つまり期待度数の表になります。

表 40

	カピバラ	アルパカ	計
男の子	(26.67)	(37.33)	64
女の子	(23.33)	(32.67)	56
計	50	70	120

　さて，それでは，χ^2 値を計算してみましょう。なお，表 41 のようにセルを名付けることにします。

表 41

	カピバラ	アルパカ	計
男の子	セル 1	セル 2	64
女の子	セル 3	セル 4	56
計	50	70	120

χ^2 値の計算式は以下のとおりです。

$$\chi^2 ＝セル 1 のズレ＋セル 2 のズレ＋……$$

今回は，セルが 4 つあるので，以下のようになります。

$$\chi^2 ＝セル 1 のズレ＋セル 2 のズレ＋セル 3 のズレ＋セル 4 のズレ$$

そして，セルのズレは，以下の式で計算できます。

$$セルのズレ = \frac{(観測度数 - 期待度数)^2}{期待度数}$$

　分子（分数の上の方）を見てみるとわかりますが，観測度数が期待度数に近ければ近いほどその値は0に近づくため，分数自体の値も小さくなります。もし，ぴったり一致していたら分子は0になります。そうなると，ズレの値そのものも0になります。逆に，観測度数が期待度数から離れれば離れるほど，ズレの値は大きくなります。つまり，4つのセルのズレ幅が小さいほど，帰無仮説はそのままでよいということになり，ズレ幅が大きくなるほど帰無仮説が怪しくなってくるということになります。

　なお，2乗しているのは，値が負にならないようにするためです。分散を計算したときのことを思い出してみるとよいかもしれません。また，期待度数で割っていますが，これは，もともとの期待度数の程度で調整するためにおこなっています。例えば，参加者の話でいえば，100人予定していたときの10人の差と，1000人予定していたときの10人の差は意味が異なってきますよね。そのため，期待度数で割ってズレ幅を調整しているのです。

　さて，それでは計算式に戻りましょう。
　今回，セル1である男の子のカピバラの観測度数は38でした。そして，期待度数は26.67でした。
つまり，以下のようになります。

$$セル1のズレ = \frac{(38 - 26.67)^2}{26.67} = \frac{(11.33)^2}{26.67} = \frac{128.37}{26.67} = 4.81$$

　したがって，セル1のズレは4.81になります。
　それでは，今度は，男の子のアルパカのセルについて考えてみましょう。男の子のアルパカの観測度数は26でした。そして，期待度数は37.33でした。
つまり，

$$セル2のズレ = \frac{(26 - 37.33)^2}{37.33} = \frac{(-11.33)^2}{37.33} = \frac{128.37}{37.33} = 3.44$$

　したがって，セル2のズレは3.44になります。
　それでは，今度は，女の子のカピバラのセルについて考えてみましょう。

$$セル3のズレ = \frac{(12 - 23.33)^2}{23.33} = \frac{(-11.33)^2}{23.33} = \frac{128.37}{23.33} = 5.50$$

　したがって，セル3のズレは5.50になります。
　それでは，最後に，女の子のアルパカのセルについて考えてみましょう。

$$セル4のズレ = \frac{(44 - 32.67)^2}{32.67} = \frac{(-11.33)^2}{32.67} = \frac{128.37}{32.67} = 3.93$$

　したがって，セル4のズレは3.93になります。

　これで，すべてのセルのズレの程度が計算できたことになります。あとはこれを足し合わせるだけです。

$$\chi^2 = セル1のズレ＋セル2のズレ＋セル3のズレ＋セル4のズレ$$
$$= 4.81 + 3.44 + 5.50 + 3.93$$
$$= 17.68$$

これで χ^2 値が計算できました。つまり，全体でのズレ幅は 17.68 ということになります。

　ここで，あと1つ計算をする必要があります。自由度です。

$$自由度＝（行の数 -1）×（列の数 -1）$$

　今回は，性別は男の子と女の子の2つでした。つまり，行のセルの数は2です。そして，ぬいぐるみはカピバラとアルパカの2つでした。つまり，列のセルの数は2です。
そのため今回は，自由度＝ (2 - 1) × (2 - 1) ＝ 1 となります。

ステップ4：棄却域とのてらしあわせと仮説の支持不支持の判断

　さて，それではここで χ^2 分布表を見てみましょう（p.212 付表5）。有意水準が5％のところを見ることにします。χ^2 分布表の場合は，たいてい，いくつかの有意水準についての表が1つにまとまっていますので，間違わずに5％のところを見てください。まず，表の上の5％のところ，そして，自由度が1のところを左側から探してみましょう。そして，上と左のクロスしたところの数字を読み取ります（表42）。

表42

	有意水準		
	5 %	1 %	0.1%
1	3.84	6.63	10.83
2	5.99	9.21	13.82
3	7.81	11.34	16.27
4	9.49	13.28	18.47
5	11.07	15.09	20.52
6	12.59	16.81	22.46
7	14.07	18.48	24.32

　数字は 3.84 でした。これが，自由度1のときの χ^2 分布における臨界値となります。

　ここで，次（図57）のような図を書いてみましょう。

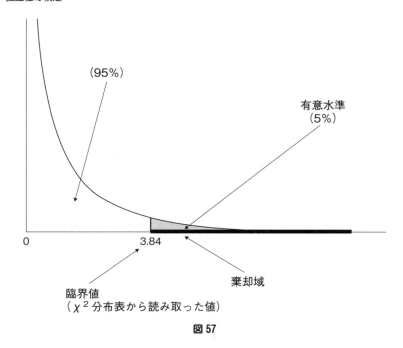

（95%）

有意水準
（5%）

0　　　　　　3.84

棄却域

臨界値
（χ² 分布表から読み取った値）

図 57

　まず，χ² 分布の（ような）形を書き，その後，先ほどの臨界値のあたりに縦に線を引いて，その右側を塗りつぶしてください。

　この塗りつぶしたところが有意水準で，塗りつぶしたところの下の横軸の範囲が棄却域でした。

　なお，χ² の場合は，t のときと異なり，片方だけになりますので注意してください。

　もしサンプルのデータから算出した検定統計量の値（ここでは χ² 値）が棄却域の中に入っていれば，それは有意水準を 5 ％にしたときに，帰無仮説を棄却できる（間違いだと判断できる）

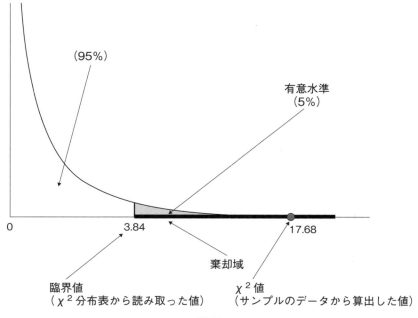

（95%）

有意水準
（5%）

0　　　　　　3.84　　　　　　　　17.68

棄却域

臨界値
（χ² 分布表から読み取った値）

χ² 値
（サンプルのデータから算出した値）

図 58

ということになります。つまり，あまりにもレアな値となっているために帰無仮説の方が間違っていると判断する，ということになります。

　さて，今回の χ^2 値は 17.68 です。つまり，今回の棄却域の中に入っています（図58）。そのため，「帰無仮説を5％水準で棄却できる」ということができます。

　さて，帰無仮説を思い出してみましょう。今回の帰無仮説は「性別と好むぬいぐるみ（カピバラとアルパカ）は独立である（性別と好むぬいぐるみは関連がない，男の子と女の子で選んだぬいぐるみの割合が異ならない）」でした。これを確率論的に間違いだと判断することになります。つまり，帰無仮説が棄却されることになります。そして，対立仮説である「性別と好むぬいぐるみは独立でない（性別と好むぬいぐるみは関連がある，男の子と女の子で好むぬいぐるみの割合が異なる）」を採択するということになります。

　したがって，今回のデータから「性別と好むぬいぐるみは独立でない」と判断することができます。

／ステップ5：結果のまとめ／

　これが，独立性の検定の一連の流れです。

　そしてこれを文章にまとめると，下のようになります。あくまでも一例です。

> 「性別と好むぬいぐるみは独立であるのか否か，独立性の検定をおこなった。$\chi^2(1) = 17.69$ であり，5％水準で有意であった。したがって，性別と好むぬいぐるみは独立ではないことが明らかとなった」。

　ここで，各部分の説明を追加しておきます。

　$\chi^2(1) = 17.68$ とありますが，括弧の中の数字は自由度でした。そして，何％を有意水準としたかも書きます。今回は5％を有意水準とするので，「5％水準で有意であった」と書きます。有意水準を1％とした場合は，「1％水準で有意であった」のように書きます。有意でなかった場合は，「○％で有意ではなかった」と書けばよいです。

　なお，今回の場合，性別と好むぬいぐるみは独立ではない，つまり，男の子と女の子で好むぬいぐるみの割合が異なる，ということがわかったとしても，男の子と女の子でどちらの方がカピバラとアルパカのどちらを好んでいる割合が多いか少ないかについては，検定からは判断できません。そこで，必要に応じてクロス表の数字（割合）の大小を見て判断します。

　それをふまえたうえで，もう一度先ほどの文章を見てください。

> （1）性別と好むぬいぐるみは独立であるのか否か，
> （2）独立性の検定をおこなった。
> （3）$\chi^2(1) = 17.68$ であり，5％水準で有意であった。
> （4）したがって，性別と好むぬいぐるみは独立ではないことが明らかとなった。

　4つのブロックになっていることも再確認できたかと思います。それぞれのブロックの内容は以下のとおりです。

（1）何を明らかにしようとしたのか。
（2）何の検定をおこなったのか，どのような分析をおこなったのか。
（3）検定統計量の値（今回は χ^2 値）や自由度，そして有意であったかどうか（有意水準含む）。
（4）結果として何がいえるか。

　分析方法により若干異なる場合もありますが，推測統計をおこなった際の結果の記述は，基本的には上の4つの内容を過不足なく書いておくことが基本となります。

　最後に，もう一度確認しておきましょう。ここで明らかになった「性別と好むぬいぐるみは独立ではない」というのは，手元のサンプルについて言及しているのではありません。あくまでも，サンプルの背後にある集団全体のことについて言及しているのです。あくまでも明らかにしようとしているのは母集団のことであることを忘れないようにしてください。

練習問題 22

　以下の練習問題について，検定をおこない，そして結果を文章にまとめてみましょう。
「大学生90人に美容整形への興味の有無をたずねてみた。男女別にまとめてみたところ，以下のようなクロス表にまとめることができた。性別と，美容整形への興味の有無は独立であるといえるかどうか」。

表 43

	興味あり	興味なし	計
男性	12	28	40
女性	34	16	50
計	46	44	90

コラム18　χ^2 のもう1つの算出方法

　χ^2 を算出するために，先ほどは，期待度数を算出してから計算する方法を説明しました。しかし，実はもう1つ方法があります。
　次の計算式で計算できますので，興味のある人はこの方法で計算してみてください。ただし，桁数が大きくなるので，電卓で計算する場合はその点の注意が必要です。

$$\chi^2 = \frac{N(AD-BC)^2}{(A+B)(A+C)(B+D)(C+D)}$$

　なお，A，B，C，Dというのは，各セルの観測度数で，N というのは全体のデータの数のことです。

コラム 19　イエーツの連続性補正

　独立性の検定に対してイエーツの連続性補正というものをおこなった方がよい場合があるといわれています。興味のある人は調べてみてください。

コラム 20　フィッシャーの正確確率検定

　独立性の検定に似た分析法に，フィッシャーの正確確率検定というのがあります。これは，今回のようなクロス表に対しておこなうことができる分析方法で，とても優れた方法です。

　しかし，計算が膨大な値になるため，手計算ではかなり無理があります。また，昔のパソコンでは力不足で，計算するのが難しかったということがあります。そのため，データの数が少ないときだけフィッシャーの正確確率検定をおこなうようにと書いてある教科書もあります。

　しかし，最近はパソコンの性能も格段に向上していますので，もしフィッシャーの正確確率検定をおこなえる環境にあるのであれば，独立性の検定をおこなわずに，フィッシャーの正確確率検定をおこなった方がよいともいえます。

コラム 21　2 × 2 以外の場合

　今回は，セルが 2 × 2 の場合の独立性の検定の方法について説明しました。もちろん，2 × 2 以外の場合にも，独立性の検定はおこなうことが可能です。

　例えば，20 代，30 代，40 代，50 代の人達にアンケートを実施し，賛成，どちらでもない，反対，のどれかに回答してもらったとします。そうすると，4 × 3 のクロス表にまとめることができます。このようなクロス表に対しても，独立性の検定はおこなうことができますし，フィッシャーの正確確率検定をおこなうことも可能です。

15章　分散分析―１要因の対応なしデータの分散分析（１要因被験者間分散分析）

　ここでは，分散分析について説明します。分散分析は，①３つ以上の平均値の比較をおこないたいとき，または②平均値の差に表れる複数の要因の影響について明らかにしたいときに用いる分析方法です。例えば，日本人とアメリカ人とイギリス人の生活充実感の程度を比較したいとき，または，ゆでたトウモロコシのおいしさの評定が，ゆでるときの塩の有無や鍋への投入時の水の温度（冷 or 熱）によって影響を受けるか，といったことを知りたいときなどに使います。

　分散分析にはいくつもの種類があります。プロセスもこれまでよりもすこし複雑です。多重比較という分析もオプションでついてきます。大変ではありますが，心理学において必須ともいえる分析方法です。なお，平均値についてその差を明らかにするために用いるのですが，分散を扱っていくために，分散分析という言い方をします。

15－1　分散分析の種類

　分散分析は，まず**要因**の数で分けることができます。要因とは，ＡがＢに影響を及ぼしているといったときのＡに対応します。例えば，国によって生活充実感の得点が異なる場合，国という要因が生活充実感に影響を及ぼしているということになります。この場合は，要因は「国」だけなので，１要因という言い方をします。注意して欲しいのですが，この場合は要因が「国」１つであり，国がいくつあるか，例えば，日本とアメリカの２つだけなのか，日本とアメリカとロシアの３つを扱うのか，その数は要因の数に関係しません。あくまでも，要因としては「国」という１つを扱っていることになります。なお，要因の中にあるのが**条件**[20] です。国が日本とアメリカの２つだけであれば条件が２つ，日本とアメリカとロシアの３つであれば条件が３つということになります。国という要因の中に，いくつかの条件があるという構成になっています。

　要因と条件の関係を考えてみましょう。もし国の影響があるとしたら，国による違いがあるということになります。つまり，要因の影響があるということは，条件での違いがあるということを意味します。また，もし国の影響がないとしたら，国による違いがないということになります。つまり，要因の影響がないということは，条件での違いがないということを意味します。逆に，条件の違いがあるということは，要因の影響があるということになり，また，条件での違いがな

20　**水準**ということもあります。

いということは，要因の影響がないということを意味することになります。

　さて，要因に話を戻します。要因がいくつあるのかによって，分散分析を分けることが可能です。先ほどは国という要因1つでした。しかし，国の影響だけでなく，性別の影響も見たい，つまり，性差があるかどうかも知りたいという場合は，性別という2つ目の要因も組み込むことになります。この場合，国と性別という要因2つがあるので，2要因ということになります。

　3要因，4要因もありえますし，理論上は何要因までもいけます。しかし，実質的には，3要因以上は解釈が難しくなることが多いため，2要因または3要因までの実験計画が立てられ，2要因または3要因の分散分析がおこなわれることが多いです。この本では，1要因の分散分析について説明していきます。

　分散分析は，要因だけでなく対応なしと対応ありでも分けることができます（p. 108 コラム 15 参照）。対応なしデータとは，被験者間デザインにより，異なったグループから得られたデータのことです。例えば，日本とアメリカとロシア，男性と女性のように別々の（重なりのない）グループからそれぞれデータが得られている場合，対応なしデータということになります。一方，対応ありデータとは，被験者内デザインにより，同じ対象から繰り返し得られたようなデータのことになります。例えば，入学前と入学半年後あるいは卒業直前，治療前と治療後と治療終了半年後，のようなデータが同一対象から得られている場合，それは対応ありデータという言い方をします。この2つは，データがどのような方法で得られたかによって対応なしか対応ありかが決まります。そして，対応なしの場合は被験者間の分散分析，対応ありの場合は被験者内の分散分析をおこないます。

　この要因の数とデータの対応の有無の組み合わせによって，分散分析は分けることができます。1要因であっても，対応ありと対応なしの分析があり，2要因であっても，対応ありとなしの分析があります。3要因以上も同じです。ただ，注意しないといけないのですが，2要因以上は**混合計画**という種類が出てきます。例えば，勉強時間について男女という性別の影響と入学前と入学後という時期の影響を知りたいとした場合，性別は対応なしデータですが，時期は対応ありデータです。このような場合は混合計画の分散分析をおこないます。

　分散分析の種類をまとめてみました（表44）。1要因で被験者間の場合は，1要因被験者間分散分析，2要因で混合計画の場合は，2要因混合計画分散分析という言い方をします。なお，対応なしの場合は要因分散分析，対応ありの場合は**反復測定分散分析**という言い方をする場合もあります[21]。

表 44

1 要因	2 要因	3 要因	4 要因	（以下略）
被験者間	被験者間	被験者間	被験者間	…
被験者内	被験者内	被験者内	被験者内	…
	混合計画	混合計画	混合計画	…

15-2　分散分析の考え方

　ここから先は，基本的に1要因被験者間分散分析を例に説明していきます。

21　また，1元配置被験者間分散分析というように，「○元配置」という表現をすることもあります。

　日本とアメリカとイギリスに住んでいる人のスマホ利用時間の平均値に違いがあるかどうか知りたいとします。ここで，ちょっと考えてみましょう。図59を見てください。もし，母集団が異ならないとしたら，サンプルにおける日本とアメリカとイギリスに住んでいる人のスマホ利用時間の平均値があまり違わないことになります（図59の左）。また，各国の平均値は全体の平均値の付近に位置することになります。一方，母集団が異なるとしたら，サンプルにおける日本とアメリカとイギリスに住んでいる人のスマホ利用時間の平均値が異なることになります（図59の右）。また，全体での平均値を算出したとしたら，各国の平均値は全体の平均値から離れたところに位置することになります。

図59

　さて，次は各国内の散らばりです。どの国であっても，データに散らばりはあることが確認できると思います。例えば日本人のデータが10人分として，全員分のデータが同じ数値を示すことはないと思います。日本人の平均値の付近にデータがある程度の散らばりをもって分布しているはずです。これは，アメリカでもイギリスでも同じことでしょう。なお，これは，国を大枠として考えた場合に，国の中の誤差と考えることもできます。

　国間の散らばりと国内の散らばりのそれぞれをふまえたうえでさらに考えを進めていきます。国間の散らばりが大きく，各国の平均値が離れていて，かつ各国内のデータの散らばりが小さい場合は，どうやら同じ母集団から抽出されたサンプルではなさそうだといえそうです（図60の左）。ところが，国間の散らばりが大きくても，各国内のデータの散らばりが大きい場合（図60の右）は，データ全体としては重なりが大きいために，国の特徴が不明瞭になっており，異なる母集団から抽出されたサンプルとはいえない可能性が出てきます。

　このように，国間と各国内の散らばりを見ていくことによって，結果として母集団が同じといえそうかどうか，そして，結果として平均値に違いがあるのかどうかを知ることができます。こ

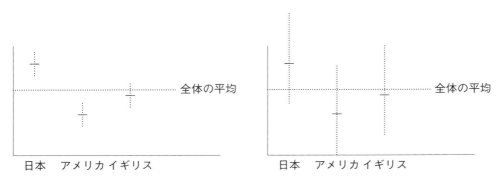

図60

のように，平均値を比較するために用いる分析方法でありながら，データの散らばりを用いるために，「分散」分析といいます。

　さて，これまでの分析と同様にこのように考えてみましょう。もし，日本とアメリカとイギリスに住んでいる人それぞれの母集団が異なっているとしたら，そこからサンプリングした国内の分散にくらべ国間の分散が相対的に大きいであろう，逆に，日本とアメリカとイギリスに住んでいる人それぞれのサンプルにおいて国内の分散にくらべ国間の分散が相対的に大きい場合，異なる母集団からのサンプリングがおこなわれたといえるであろう，ということになります。つまり，手元のデータを元に，母集団が異なるか，つまり，平均値に違いがあるかを知ろうとするための分析方法が分散分析なのです。

15-3　分散の分解

　これまで，国間の散らばりと国内の散らばりの話をしてきましたが，この「国間の散らばり」と「国内の散らばり」を，指標として扱っていく必要があります。国間の散らばりは，全体の平均値と各国の平均値の差と考えることが可能です。国内の散らばりは，その国の平均値を中心とした各データの平均値との差と考えられます。

　国間の散らばりと国内の散らばりを，データごとに見ていくことにしましょう。図61を見てください。日本人のデータ（A）があります。Aの値は，日本の平均値よりやや大きい値です。そして，日本の平均値自体は全体の平均値よりもある程度大きい値です。そして，それらを合わせると，Aと全体の平均値の差になります。つまり，「Aと全体の平均値との差」は，「全体の平均値と日本の平均値との差」，および「Aと日本の平均値との差」から構成されていることになります。

　ここでは，この「データと全体の平均値との差」を「**全体平均からのズレ**」，「全体の平均値と各条件の平均値との差」を「**要因の効果によるズレ**」，「データと各条件の平均値との差」を「**誤差**」としておきます。つまり，全員分のそれぞれのデータについて，「全体平均からのズレ」を，「要因の効果によるズレ」と「誤差」に分けることができます。なお，この全員分の「全体平均からのズレ」は**総変動**，「要因の効果のズレ」は**要因変動**，そして，「誤差」は**誤差変動**といいます[22]。そして，以下の式のような関係があります。

　　　　　　総変動＝要因変動＋誤差変動

　さて，考えてみましょう。図60の左のように，国間の散らばりがある程度あって，国内の散らばりが小さい場合，つまり，各国が異なった母集団から抽出されていそうな場合は，サンプル全体としての「要因の効果によるズレ」が「誤差」に対して大きいことになります。一方，図60の右のように，国間の散らばりがある程度あっても，国内の散らばりが相対的に大きい場合，つまり，各国が異なった母集団から抽出されたのではなさそうな場合は，サンプル全体としての「要因の効果によるズレ」が「誤差によるズレ」に対して特段大きいわけではないということになり

22　被験者間分散分析の場合は，要因変動を**群間変動**，誤差変動を**群内変動**ということもあります。

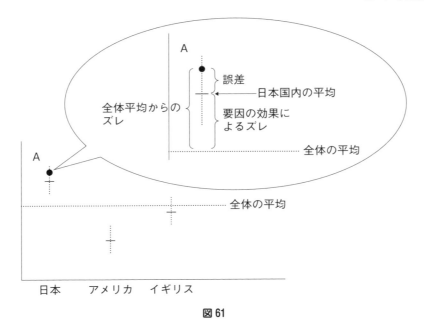

図 61

ます。このようにして，サンプル全体における「要因の効果によるズレ」と「誤差」の対比によって，元々の母集団が違うといえそうかどうか，ひいては平均値が違うといえそうかどうかを見ていくことになります。

　具体的な数値の扱いについては，後ほど改めて確認していきましょう。

15 - 4　多重比較法

　分散分析の後には，**多重比較法**による分析をおこなうことが多いです。そこで，多重比較法の説明をしたいと思いますが，その前に，分散分析の帰無仮説と対立仮説を確認しておきましょう。先ほどの日本とアメリカとイギリスのスマホ利用時間の平均値に違いがあるかどうか知りたいといった場合，帰無仮説は，「日本のスマホ利用時間の平均値＝アメリカのスマホ利用時間の平均値＝イギリスのスマホ利用時間の平均値」になります。「すべて等しい」ということです。それに対して対立仮説は，「どこかに違いがある」になります。つまり，日本のスマホ利用時間の平均値とアメリカのスマホ利用時間の平均値に違いがある可能性もあれば，アメリカのスマホ利用時間の平均値とイギリスのスマホ利用時間の平均値に違いがある可能性もあれば，イギリスのスマホ利用時間の平均値と日本のスマホ利用時間の平均値に違いがある可能性もあれば，もしくは，すべてに違いがある可能性もあるのです。少なくともどこかに違いがある，それが対立仮説です。

　そのため，帰無仮説が棄却されて対立仮説が採択されたとしても，「どこかに違いがある」ことはわかっても「どこに違いがあるか」はわからないのです。そのときに，どこに違いがあるのか明らかにする分析方法が多重比較という方法です。

　多重比較には様々な種類があります。データに対応がないかあるかでも使えるものが変わってきます[23]。本書では**ボンフェローニ法**（Bonferroni 法）を用います。なお，本来は分散分析と多重比較は必ずしもセットでおこなわれるものではありません[24]。しかし，一般的に分散分析で帰

無仮説を棄却できた場合には多重比較法の分析をおこなう，という流れで分析が用いられることが多いです。

15 – 5　検定の多重性

　なぜ，3 つ以上の平均値の差の検定をおこなうときに，11～13 章で説明したような 2 つの平均値の差の検定を繰り返して実施してはいけないのでしょうか。日本とアメリカ，アメリカとイギリス，イギリスと日本の組み合わせに対して，2 つの平均値の差の検定を 3 回繰り返せばよいのではと考える人もいるかもしれません。しかし，それは**検定の多重性**の問題から，おこなってはいけないことになっています。

　ちょっとサイコロで考えてみましょう。それぞれの目が 1/6 の確率で同様に出るという前提で考えます。1 が出る確率は，1/6 です。2 回サイコロを投げた場合に少なくとも 1 回は 1 が出る確率はどのくらいでしょうか。それは，2 回とも 1 が出ない確率を 1 から引けば算出できます。図 62 のグレーのところが，少なくとも 1 回は 1 が出るところで，白いところが 2 回とも 1 が出ないところを表しています。

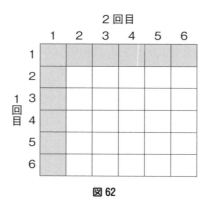

図 62

　すると，少なくとも 1 回は 1 が出る確率＝ 1 －「2 回とも 1 が出ない確率」なので，1 － $(5/6)^2$ ＝ 1 － 25／36 ＝ 11/36 になります。図の網掛けのマスのところです。1 回だけサイコロを投げたときの 1 が出る確率 1/6（＝ 6/36）に比べ，サイコロを投げることを 2 回繰り返した場合には少なくとも 1 回は 1 が出る確率は 11/36 と大きく上昇してしまいます。

　さて，ここで検定に話をもどしましょう。サイコロの 1 の目ではなく，「少なくとも 1 つが誤って有意になる確率」と考えます。

　すると，2 回の検定で少なくとも 1 つは有意になる確率＝ 1 －「1 回も有意にならない確率」なので，1 －（0.95 × 0.95）＝ 0.0975 になります[25]。もし，3 回の検定を繰り返した場合は，1 －（0.95 × 0.95 × 0.95）＝ 0.142625 になります。つまり，有意水準を 5 ％に設定しているつもりで

23　流行とでもいえるものがあり，執筆時点ではボンフェローニ法以外にも，シェッフェ法（Scheffé 法），ホルム法（Holm 法），シェイファー法（Shaffer 法）なども比較的用いられているように思われます。

24　本当は，セットでおこなっても問題ない方法とそうでない方法があります。

25　「すべての検定がそれぞれ独立である場合」という前提での話です。もし，サイコロの 1 つ目の出目が 2 つめの出目に影響する場合は，このようなことは言えません。

も 14.26% に設定していることと同じになってしまうのです。このように，繰り返しおこなうことによって有意差が出やすくなってしまいます。そこで，その増加を防ぐ方法が組み込まれた多重比較法を用いる必要があるのです。具体的な扱いについては，また改めて確認します。

15 - 6　推測統計の流れ

ここで，推測統計の手続きを再掲し，流れを確認したいと思います。

手続きの流れのテンプレート

ステップ0：確認

　はじめに，どのようなことを明らかにしたいのか，そしてそのためにはどのような分析をおこなう必要があるか，確認します。その際，データの尺度の種類を確認しておきましょう。

↓

ステップ1：図表の作成や記述統計量の算出

　表を作成したり，グラフを作成します。また，平均値や標準偏差などの記述統計量を計算します。これは推測統計の前におこなっておくのが基本です。

↓

ステップ2：帰無仮説と対立仮説の確認

　次に，帰無仮説と対立仮説を確認します。これをしないと，検定の結果の読み取りができなくなります。なお，この段階より前に，どの検定をおこなうのか決めておく必要があります。

↓

ステップ3：検定統計量の値の算出

　平均値や分散，度数などをもとに検定統計量の値を計算します。この検定統計量は，分析によって種類が異なり，また，計算の仕方も異なります。

↓

ステップ4：棄却域とのてらしあわせと仮説の支持不支持の判断

　分布表をもとに，検定統計量の値をてらしあわせて，帰無仮説を棄却できるか調べ，最終的な判断をおこないます。

↓

ステップ5：結果のまとめ

　得られた結果を文章にまとめます。

なお，分散分析の場合は，この後に多重比較が続くことになります。

それでは，具体的に流れを追っていきましょう。

ステップ0：確認

今回は，日本人とアメリカ人とイギリス人の1日のスマホゲーム時間（分）に違いがあるかど

うか明らかにするという内容で話を進めたいと思います。国という要因が1つ，そして，被験者間デザインによって得られた対応なしデータの分析なので，1要因被験者間分散分析ということになります。

／ステップ1：図表の作成や記述統計量の算出／

今回は，記述統計量を算出したり，平均値のグラフを作成しておけば OK です。なお，今回は記述統計量は準備しておくので，皆さんが計算しなくても大丈夫です。

さて，全員のデータは表 45 にあるとおりです。日本人のスマホゲーム時間（分）の平均値と標準偏差，そしてデータの数，また，アメリカ人とイギリス人のそれらは表 46 にまとめておきます。平均値のグラフは図 63 のようになります。

表 45

	日本		アメリカ		イギリス
A	34	E	7	I	23
B	27	F	15	J	27
C	35	G	17	K	30
D	24	H	9	L	16

表 46

	日本	アメリカ	イギリス
平均値	30.00	12.00	24.00
標準偏差	4.64	4.12	5.24
データの数	4	4	4

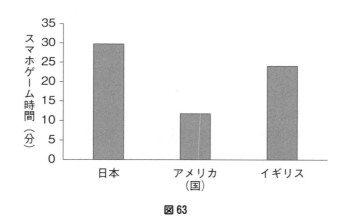

図 63

／ステップ2：帰無仮説と対立仮説の確認／

統計的仮説検定を行う前に，帰無仮説と対立仮説を確認します。これらについては，先ほどすでに触れました。帰無仮説は1点に定まる方があてはまります。対立仮説は，無限のバリエーションがある方があてはまります。この場合，1点に定まるのは「日本とアメリカとイギリスのスマホゲーム時間のすべての平均値が等しい（違いがない，差がない，差が0である）」です。つまり，これがこの場合の帰無仮説です。となると，「日本とアメリカとイギリスのスマホゲーム時

間の平均値のどこかが異なる（違いがある，差がある，差が 0 ではない）」が対立仮説となります。どこにどの程度違いがあるのか，無限のバリエーションがあるからです。

> 帰無仮説：日本のスマホゲーム時間の平均値＝アメリカのスマホゲーム時間の平均値＝
> 　　　　　イギリスのスマホゲーム時間の平均値
> 対立仮説：［日本のスマホゲーム時間の平均値＝アメリカのスマホゲーム時間の平均値
> 　　　　　＝イギリスのスマホゲーム時間の平均値］ではない

もっと簡単に要点だけ書くとこのようになります。

> 帰無仮説：「平均値がすべて等しい」
> 対立仮説：「平均値のどこかに違いがある」

　もし，検定の結果，帰無仮説が棄却されたならば，つまり，帰無仮説が間違いだと判断されたならば，対立仮説を採択し，「日本のスマホゲーム時間の平均値とアメリカのスマホゲーム時間の平均値とイギリスのスマホゲーム時間の平均値のどこかに違いがある」と言えることになります。もし，帰無仮説が棄却できないとすると，「日本のスマホゲーム時間の平均値とアメリカのスマホゲーム時間の平均値とイギリスのスマホゲーム時間の平均値がすべて等しい」ということになります。
　それでは帰無仮説を棄却できるかどうか分析をおこなってみましょう。

ステップ 3：検定統計量の値の算出
　それでは具体的な数値で考えていきましょう。
　先ほどの表 45 と表 46 の一部をまとめたものが表 47 です。なお，全体での平均値を算出しておきます。全体の平均値は 22.00 です。

表 47

	日本		アメリカ		イギリス	
A	34	E	7	I	23
B	27	F	15	J	27
C	35	G	17	K	30
D	24	H	9	L	16
平均値	30.00		12.00		24.00	

　さて，まずは日本の部分に焦点を当てます。A さん，B さん，C さん，D さんの値はそれぞれ，34，27，35，24 です。A さんについて，全体の平均値（22）との差を算出しましょう[26]。34 − 22 ＝ 12 になります。これが A さんの「全体平均からのズレ」の値になります。「要因の効果によるズレ」は日本の平均値と全体の平均値との差なので 8 になります。これは A さんに限りません。

26　本来は，22.00 と表記するところですが，ここでは表記のわかりやすさを優先し 22 と表記しています。以降の数値も同様です。

次に，Aさんの値と日本の平均値（30）との差を算出しましょう。34 − 30 ＝ 4 になります。これがAさんの「誤差」の値です。同様に，BさんからDさんまで「全体平均からのズレ」と「要因の効果によるズレ」と「誤差」を算出します。それらをまとめたのが表48です。

表48

日本

	値	「全体平均からのズレ」	「要因の効果によるズレ」	「誤差」
		全体の平均値（22）との差	日本の平均値（30）と 全体の平均値（22）との差	日本の平均値（30）との差
A	34	34 − 22 ＝ 12	30 − 22 ＝ 8	34 − 30 ＝ 4
B	27	27 − 22 ＝ 5	30 − 22 ＝ 8	27 − 30 ＝ −3
C	35	35 − 22 ＝ 13	30 − 22 ＝ 8	35 − 30 ＝ 5
D	24	24 − 22 ＝ 2	30 − 22 ＝ 8	24 − 30 ＝ −6

先ほど，「全体平均からのズレ＝要因の効果によるズレ＋誤差」になると説明しましたが，たしかにそのようになっていることが確認できると思います（表49）。ともあれ，これで「全体平均からのズレ」を「要因の効果によるズレ」と「誤差」に分けることができました。

表49

	「全体平均からのズレ」		「要因の効果によるズレ」		「誤差」
A	12		8		4
B	5	＝	8	＋	−3
C	13		8		5
D	2		8		−6

前に出てきた図61に今回のAさんの具体的な値を当てはめて理解してみましょう（図64）。

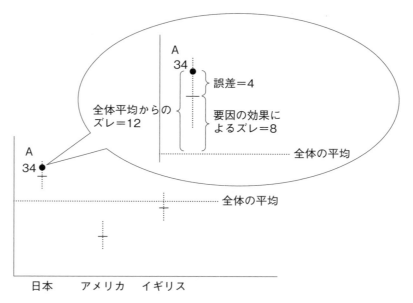

図64

　ここで，「全体平均からのズレ」を2乗しましょう[27]。Aさんの「全体平均からのズレ」の場合は12×12 = 144です。Bさんは5×5 = 25，Cさんは13×13 = 169，Dさんは2×2 = 4です。これらを足し合わせると144 + 25 + 169 + 4 = 342です。次に，「要因の効果によるズレ」を2乗しましょう。「要因の効果によるズレ」は8なので，それを2乗したものを4人分足し合わせて64 + 64 + 64 + 64 = 256となります。「誤差」も2乗して足し合わせます。Aさんの「誤差」は4×4 = 16です。全員分を算出し足し合わせると16 + 9 + 25 + 36 = 86になります。表50で確認しましょう。これで，日本における「全体平均からのズレ」の2乗と「要因の効果によるズレ」の2乗と「誤差」の2乗が算出できました。

表50

日本

	値	「全体平均からのズレ」の2乗	「要因の効果によるズレ」の2乗	「誤差」の2乗
A	34	12×12 = 144	8×8 = 64	4×4 = 16
B	27	5×5 = 25	8×8 = 64	(−3)×(−3) = 9
C	35	13×13 = 169	8×8 = 64	5×5 = 25
D	24	2×2 = 4	8×8 = 64	(−6)×(−6) = 36
合計		(342)	(256)	(86)

　今度は，アメリカとイギリスについても同様に算出していきます（表51と表52）。

表51

アメリカ

	値	「全体平均からのズレ」 全体の平均値（22）との差	「要因の効果によるズレ」 アメリカの平均値（12）と全体の平均値（22）との差	「誤差」 アメリカの平均値（12）との差
E	7	7 − 22 = −15	12 − 22 = −10	7 − 12 = −5
F	15	15 − 22 = −7	12 − 22 = −10	15 − 12 = 3
G	17	17 − 22 = −5	12 − 22 = −10	17 − 12 = 5
H	9	9 − 22 = −13	12 − 22 = −10	9 − 12 = −3

	値	「全体平均からのズレ」の2乗	「要因の効果によるズレ」の2乗	「誤差」の2乗
E	7	(−15)×(−15) = 225	(−10)×(−10) = 100	(−5)×(−5) = 25
F	15	(−7)×(−7) = 49	(−10)×(−10) = 100	3×3 = 9
G	17	(−5)×(−5) = 25	(−10)×(−10) = 100	5×5 = 25
H	9	(−13)×(−13) = 169	(−10)×(−10) = 100	(−3)×(−3) = 9
合計		(468)	(400)	(68)

表52

イギリス

	値	「全体平均からのズレ」 全体の平均値（22）との差	「要因の効果によるズレ」 イギリスの平均値（24）と全体の平均値（22）との差	「誤差」 イギリスの平均値（24）との差
I	23	23 − 22 = 1	24 − 22 = 2	23 − 24 = −1
J	27	27 − 22 = 5	24 − 22 = 2	27 − 24 = 3
K	30	30 − 22 = 8	24 − 22 = 2	30 − 24 = 6
L	16	16 − 22 = −6	24 − 22 = 2	16 − 24 = −8

27　2乗する理由は，分散を算出したとき（p.38参照）と同様です。

	値	「全体平均からのズレ」の２乗	「要因の効果によるズレ」の２乗	「誤差」の２乗
I	23	$1 \times 1 =$　1	$2 \times 2 =$　4	$(-1) \times (-1) =$　1
J	27	$5 \times 5 =$　25	$2 \times 2 =$　4	$3 \times 3 =$　9
K	30	$8 \times 8 =$　64	$2 \times 2 =$　4	$6 \times 6 =$　36
L	16	$(-6) \times (-6) =$　36	$2 \times 2 =$　4	$(-8) \times (-8) =$　64
合計		126	16	110

　さて，それぞれの国の「全体平均からのズレ」の２乗と「要因の効果によるズレ」の２乗と「誤差」の２乗を足し合わせます。それぞれ，全体平方和と要因平方和と誤差平方和といいます。

$$全体平方和 = 342 + 468 + 126 = 936$$
$$要因平方和 = 256 + 400 + 16 = 672$$
$$誤差平方和 = 86 + 68 + 110 = 264$$

　全体平方和＝要因平方和＋誤差平方和（$936 = 672 + 264$）という関係があることが確認できます。

　さて，ここで当初の目的である，群間での散らばりと群内での散らばりを比較したいと思いますが，もう少し作業をおこないましょう。要因平方和と誤差平方和を比べたいのですが，その際に自由度で調整する必要があります。

　では，自由度を算出しましょう。全体の自由度は「データの数－１」なので，$12 - 1 = 11$になります。要因の自由度は「群の数－１」なので，$3 - 1 = 2$になります。誤差の自由度は，「データの数－群の数」なので，$12 - 3 = 9$になります。

　そして，要因平方和と誤差平方和のそれぞれを自由度で割ります。要因平方和÷要因の自由度＝$672 \div 2 = 336.00$です。誤差平方和÷誤差の自由度＝$264 \div 9 = 29.33$です。それぞれ，**要因の平均平方**，**誤差の平均平方**，という言い方をします。

$$要因の平均平方 = \frac{要因平方和}{要因自由度} = \frac{672}{2} = 336.00$$
$$誤差の平均平方 = \frac{誤差平方和}{誤差自由度} = \frac{264}{9} = 29.33$$

　最後に，要因の平均平方を誤差の平均平方で割ることによってF値を算出することができます。今回は，F値$= 336.00 \div 29.33 = 11.46$です[28]。

$$F = \frac{\dfrac{要因平方和}{要因自由度}}{\dfrac{誤差平方和}{誤差自由度}} = \frac{要因の平均平方}{誤差の平均平方} = \frac{336.00}{29.33} = 11.46$$

　これまでのところを表にまとめてみます。この表（表53）は，分散分析表といいます。本文中の説明と分散分析表の値をてらしあわせて確認してください。

28　まるめの誤差のため，計算のプロセスによっては値が少し異なることがあります。

表 53

	平方和	自由度	平均平方	F 値
要因	672	2	336.00	11.46
誤差	264	9	29.33	
全体	936	11		

ステップ 4：棄却域とのてらしあわせと仮説の支持不支持の判断

　さて，それではここで F 分布表を見てみましょう（p. 210 の付表 3 参照）。F 分布表の場合は，たいてい，有意水準ごとに表が分かれています。今回は，有意水準が 5 ％の表を見ることにしましょう。そして，表の上の第 1 自由度については要因の自由度である 2，表の左の第 2 自由度については誤差の自由度である 9 のところを探し，その上と左のクロスしたところの数字を読み取ります（表 54）。

表 54

		\multicolumn{10}{c}{第 1 自由度}

		1	2	3	4	5	6	7	8	9	10
第2自由度	1	161.40	199.50	215.70	224.60	230.20	234.00	236.80	238.90	240.50	241.90
	2	18.51	19.00	19.16	19.25	19.30	19.33	19.35	19.37	19.38	19.40
	3	10.13	9.55	9.28	9.12	9.01	8.94	8.89	8.85	8.81	8.79
	4	7.71	6.94	6.59	6.39	6.26	6.16	6.09	6.04	6.00	5.96
	5	6.61	5.79	5.41	5.19	5.05	4.95	4.88	4.82	4.77	4.74
	6	5.99	5.14	4.76	4.53	4.39	4.28	4.21	4.15	4.10	4.06
	7	5.59	4.74	4.35	4.12	3.97	3.87	3.79	3.73	3.68	3.64
	8	5.32	4.46	4.07	3.84	3.69	3.58	3.50	3.44	3.39	3.35
	9	5.12	4.26	3.86	3.63	3.48	3.37	3.29	3.23	3.18	3.14
	10	4.96	4.10	3.71	3.48	3.33	3.22	3.14	3.07	3.02	2.98
	11	4.84	3.98	3.59	3.36	3.20	3.09	3.01	2.95	2.90	2.85
	12	4.75	3.89	3.49	3.26	3.11	3.00	2.91	2.85	2.80	2.75
	13	4.67	3.81	3.41	3.18	3.03	2.92	2.83	2.77	2.71	2.67
	14	4.60	3.74	3.34	3.11	2.96	2.85	2.76	2.70	2.65	2.60
	15	4.54	3.68	3.29	3.06	2.90	2.79	2.71	2.64	2.59	2.54
	16	4.49	3.63	3.24	3.01	2.85	2.74	2.66	2.59	2.54	2.49
	17	4.45	3.59	3.20	2.96	2.81	2.70	2.61	2.55	2.49	2.45
	18	4.41	3.55	3.16	2.93	2.77	2.66	2.58	2.51	2.46	2.41
	19	4.38	3.52	3.13	2.90	2.74	2.63	2.54	2.48	2.42	2.38
	20	4.35	3.49	3.10	2.87	2.71	2.60	2.51	2.45	2.39	2.35
	21	4.32	3.47	3.07	2.84	2.68	2.57	2.49	2.42	2.37	2.32

　数字は 4.26 でした。これが，第 1 自由度が 2，第 2 自由度が 9 のときの F 分布における**臨界値**となります。

　ここで，次のような図を書いてみましょう。

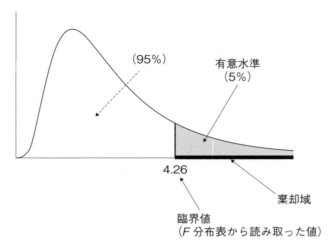

（95%）

有意水準
（5%）

4.26

棄却域

臨界値
（F 分布表から読み取った値）

図 65

　まず F 分布の（ような）形を書き，その後，先ほどの臨界値のあたりに縦に線を引いて，その右側を塗りつぶしてください。

　これで準備は整いました。この塗りつぶしたところが有意水準であり，塗りつぶしたところの下の横軸の範囲が**棄却域**になります。

　もしサンプルのデータから算出した検定統計量の値（ここでは F 値）が棄却域の中に入っていれば，それは有意水準を 5 ％としたときに帰無仮説を棄却できる（間違いだと判断できる）ということになります。つまり，滅多にない値なので，帰無仮説の方がおかしいと判断して帰無仮説の方を棄却する（間違いだとする）のです。もし，サンプルのデータから算出した統計量が棄却域の中に入っていなければ，帰無仮説は棄却できない（間違いだと判断できない）ことになります。

　さて，今回の F 値は 11.45 です。つまり，今回の棄却域の中に入っています（図 66）。そのため，「帰無仮説を 5 ％水準で棄却できる」ということができます。

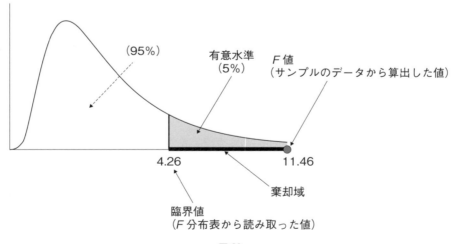

（95%）

有意水準
（5%）

F 値
（サンプルのデータから算出した値）

4.26

11.46

棄却域

臨界値
（F 分布表から読み取った値）

図 66

　さて，帰無仮説を思い出してみましょう。今回の帰無仮説は「日本のスマホゲーム時間の平均値とアメリカのスマホゲーム時間の平均値とイギリスのスマホゲーム時間のすべての平均値が等しい（違いがない，差がない，差が 0 である）」でした。今回の分析結果から，この帰無仮説を確率論的に間違いだと判断することになります。つまり，帰無仮説が棄却されることになります。そして，対立仮説である「日本のスマホゲーム時間の平均値とアメリカのスマホゲーム時間の平均値とイギリスのスマホゲーム時間の平均値のどこかに違いがある（差がある，差が 0 ではない）」を採択するということになります。

　したがって，今回のデータから「日本のスマホゲーム時間の平均値とアメリカのスマホゲーム時間の平均値とイギリスのスマホゲーム時間の平均値のどこかに違いがある」と判断することができるのです。

　さてここで分散分析は一段落ですが，初めに説明したように，このままではどこに違いがあるのかまではわかりません。そこで，多重比較をおこなう必要が出てきます。ステップ 5 に進んでも良いのですが，合わせて結果のまとめを説明したいので，少し待ってください。

／ステップ 4.5：多重比較／

　先ほど，検定の多重性の問題から，3 群以上を比較する際には 2 つの平均値の差の検定を繰り返してはいけないと説明しました（p. 154 参照）。つまり，日本とアメリカ，アメリカとイギリス，イギリスと日本の組み合わせに対して，2 つの平均値の差の検定を 3 回繰り返してはいけないということです。そこで，多重比較をおこなうことになります。

　多重比較は，有意水準を調整するなどして，検定の多重性の問題をクリアし，組み合わせの中で 1 つでも有意差が出てくる確率を元の水準に戻すことを目的としておこなわれます。ここでは具体的な例として，ボンフェローニ法で説明していくことにします。ボンフェローニ法は，平均値を比較するセットの数で有意水準とした値を割ります。つまり，今回の例であれば，日本とアメリカ，アメリカとイギリス，イギリスと日本，の 3 セットの比較をおこなうので，0.05（5 ％）を 3 で割り，$0.05 \div 3 = 0.0167$（1.67%）が新たな有意水準となります。

　今回，それぞれのセットについて 2 つの平均値の差の検定をおこなうと（11 章を読み直してみてください），次のようになります。日本とアメリカは $t(6) = 5.03$，アメリカとイギリスは $t(6) = -3.12$，イギリスと日本は $t(6) = -1.49$ です[29]。そして，自由度が 6 のときの有意水準を1.67%としたときの臨界値は 3.29 です[30]。

　さて，それではこの臨界値とそれぞれのセットの t 値を比べてみましょう。日本とアメリカについては，t 値が棄却域に入っています（t 値の絶対値が 3.29 よりも大きい）。アメリカとイギリスについては，棄却域に入っていません（t 値の絶対値が 3.29 よりも小さい）。イギリスと日本については棄却域に入っていません（t 値の絶対値が 3.29 よりも小さい）。つまり，日本とアメリカについては平均値に違いがあるということになり，平均値も合わせて考えると，日本はアメ

29　実は，ボンフェローニ法に平均値の差の検定結果を組み合わせる場合の自由度については，いくつかの考え方があります。ここでは，11 章の方法でおこなっています。

30　この値は，付表 4 からは読み取ることができません。付表 4 は 5 ％水準のときの表だからです。そこで，ボンフェローニ法を用いたときの臨界値の表を準備しました。付表 6（p. 213）です。

リカよりも平均値が大きいということになります。

　これが，1要因被験者間分散分析および多重比較の一連の流れです。

　そしてこれを文章にまとめると，下のようになります。あくまでも一例です。

> 「日本のスマホゲーム時間の平均値とアメリカのスマホゲーム時間の平均値とイギリスのスマホゲーム時間の平均値が異なるか，1要因被験者間分散分析をおこなった。$F_{(2,9)} = 11.46$ であり，5％水準で有意であった。そこでボンフェローニ法による多重比較をおこなったところ，日本とアメリカのスマホゲーム時間の平均値に有意差が認められた。したがって，日本のスマホゲーム時間の平均値は，アメリカのそれより大きいことが明らかとなった」。

　ここで，各部分の説明を追加しておきます。なお，それぞれの群についての記述統計量は，文章内ではなく表などで表しておきます。

　$F_{(2,9)} = 11.46$ とありますが，括弧の中のカンマの前は第1自由度を，カンマの後は第2自由度を書きます。今回，第1自由度は2，第2自由度は9なので，$F_{(2,9)} = 11.46$ という表記になります。

　そして，有意であったかどうかを書きます。今回は5％を有意水準としたので，5％と書きますが，もしこれを1％とした場合は，「1％水準で有意であった」のように書きます。もし，有意でなかった場合は，「○％水準で有意ではなかった」と書けばよいです。

　さて，分散分析の後に多重比較の結果を書きますが，違いがあるという判断になっても，その違いの方向についてはわかりません。今回の場合，平均値が等しくないということがわかったとしても，組のどちらの平均値が大きいのかについては，検定からは判断できません。そこで，サンプルの平均値の大小を見て判断します。その結果，日本のスマホゲーム時間の平均値の方が，アメリカのそれに比べて大きいことが判断できます。そこで，結果を書く際には，そのように書くことになります。

　それをふまえたうえで，もう一度先ほどの文章を見てください。

（1）日本のスマホゲーム時間とアメリカのスマホゲーム時間とイギリスのスマホゲーム時間の平均値が異なるか，

（2）1要因被験者間分散分析をおこなった。

（3）$F_{(2,9)} = 11.46$ であり，5％水準で有意であった。

〈4〉そこでボンフェローニ法による多重比較をおこなったところ，日本とアメリカのスマホゲーム時間の平均値に有意差が認められた。

（5）したがって，日本のスマホゲーム時間の平均値は，アメリカのそれより大きいことが明らかとなった。

　4つのブロックとプラス1のブロックになっていることも確認できたかと思います。それぞれ

のブロックの内容は下のとおりです。

　　　　（1）何を明らかにしようとしたのか。
　　　　（2）何の検定をおこなったのか，どのような分析をおこなったのか。
　　　　（3）検定統計量の値（今回は F 値）や自由度，そして有意であったかどうか（有意水準
　　　　　　　含む）。
　　　　〈4〉多重比較の結果がどうであったか。
　　　　（5）結果として何が言えるか。

　これらの内容について過不足なく書いておくことが基本となります。しっかりと覚えておいて
ください。なお，基本はブロックは4つですが，今回は，多重比較が入ってくるために1つ増え
ています。

　最後に，もう一度確認しておきましょう。ここで明らかになった「日本のスマホゲーム時間と
アメリカのスマホゲーム時間とイギリスのスマホゲーム時間の平均値が異なる」ということ，そ
して，「日本のスマホゲーム時間の平均値は，アメリカのそれより大きい」のは，手元のサンプル
のことについて言及しているのではありません。あくまでも，サンプルの背後にある母集団のこ
とについて言及しているのです。ついつい，手元のデータのことについて話をしているように勘
違いしてしまうことがありますが，あくまでも明らかにしようとしているのは母集団のことであ
ることを忘れないようにしてください。

練習問題 23

　検定をおこない，そして結果を文章にまとめてみましょう。
「教育学部生と経営学部生と理工学部生の各5名に，この2週間のアルバイト時間（時
間）をたずねたところ，それぞれの回答者のデータは表55のようになった。それぞれ
の平均値は 19.80，8.60，17.40 である（なお，標準偏差はそれぞれ 3.31，4.76，2.87 で
ある）。学部によってアルバイト時間の平均値が異なるといえるかどうか」。
　なお多重比較はボンフェローニ法で，調整済みの有意水準に対応した臨界値は 2.78
です。

表 55

教育学部		経営学部		理工学部	
K	20	P	5	U	17
L	25	Q	7	V	19
M	15	R	3	W	14
N	21	S	12	X	15
O	18	T	16	Y	22

コラム 22　2要因の分散分析

　15 章の冒頭で，国という要因が生活充実感に及ぼす影響に加えて，性別の影響も見たいときに，2 要因の分散分析をおこなうという話がありました。この本で説明するのは，1 要因の分散分析までですが，心理学の研究では 2 要因や 3 要因の分散分析をおこなうことが多いです。しかし，2 要因や 3 要因の分散分析は，入門の域を超えるくらい難しいので，2 要因の分散分析についてはこのコラムで簡単に紹介するのにとどめたいと思います。

　例えば国という要因と，性別という要因が，生活充実感に及ぼす影響を見たいとき，それぞれの要因で 1 要因の分散分析をおこなえばよいと思うかもしれません。しかし，国という 1 要因の分散分析をおこなうと，国の影響だけ抽出され，性別の影響は誤差の一部として扱われてしまいます。また，性別という 1 要因の分散分析をおこなうと，性別の影響だけ抽出され，国の影響は誤差の一部として扱われてしまいます。しかし，国と性別という 2 要因の分散分析を行うと，国の影響も性別の影響もどちらも抽出されるので，1 要因の分散分析に比べ，誤差が小さくなるというメリットがあります。

　2 要因の分散分析でわかることがもう 1 つあります。例えば「日本では男性の方が生活充実感が高く，アメリカでは女性の方が生活充実感が高い」といったことは，1 要因の分散分析をおこなってもわかりません。このような，一方の要因の水準によって，他方の要因の影響が異なることを，交互作用といいます。2 要因の分散分析では，交互作用の有無を見ることができるというメリットがあります。

　3 要因の分散分析になると，交互作用の交互作用（これを「2 次の交互作用」といいます）の有無も見ることができます。様々な要因が複雑に影響しあう心理学の研究では，交互作用や 2 次の交互作用を調べることに大きな意味があります。1 要因の分散分析を理解したら，入門の一歩先の本で，2 要因の分散分析についても学んでみてください。

（橋本貴充）

16章 分散分析―1要因の対応ありデータの分散分析（1要因被験者内分散分析）

　ここでは，要因が1つで，対応ありデータの平均値を3つ以上比較したい場合の分析方法である1要因被験者内分散分析について説明します。対応ありデータとは，被験者内計画によって得られたデータのことです。つまり，同一対象のグループから繰り返し得られたデータのことになります。例えば，同一対象者の大学入学前の読書時間と大学に入学してすぐの読書時間と，大学卒業後の読書時間を比較したい場合や，同一対象者が3つの写真刺激を見てそれぞれの印象の比較をおこないたい場合などに用います。

16-1　分散分析の考え方

　アロマテラピーする前（以下，アロマ前）とアロマテラピーの最中（以下，アロマ中）とアロマテラピーの後しばらくしてから（以下，アロマ後）のリラックス度の平均値に違いがあるかどうか知りたいとします。つまり，アロマテラピーの施術効果があるか知りたいとします。リラックス度は20点満点で回答してもらったとしましょう。もし，母集団において3回の平均値が異なるとしたら，つまり，アロマテラピー施術による変化があるとしたら，サンプルにおけるアロマ前とアロマ中とアロマ後のリラックス度の平均値が異なることになります。一方，母集団において平均値が異ならないとしたら，つまり，アロマテラピー施術の影響による違いがないとしたら，サンプルにおけるアロマ前とアロマ中とアロマ後のリラックス度の平均値が異ならないことになります。そして逆に，サンプルの状態から，母集団の状態を推測できることになります。

　アロマテラピー施術という要因によってアロマ前とアロマ中とアロマ後のリラックス度に違いが生じるかを見ていく，そういう意味では，被験者間のときと似たようなことといえます。しかし，今回は，一人ひとりによって変化の意味が異なるという問題があります。例えば，全体としてかなり疲れている人が，アロマ中はリラックス度が大きかった，という場合と，全体としてあまり疲れていない人が，アロマ中もリラックス度が大きかった，という場合とでは，アロマ中のリラックス度の程度が同じだとしても，意味が変わってきてしまいます。そのため，アロマテラピー施術という要因だけではなく，個人の基準という要因も考えて調整する必要がでてきます。

16-2　分散の分解—対応なしとの比較

　ここで，対応なしの場合の被験者間分散分析を振り返ってみましょう。被験者間の分散分析では，各データの「全体平均からのズレ」を，「要因の効果によるズレ」と「誤差」に分けました。「要因の効果によるズレ」は，全体の平均値と各条件の平均値との差を扱いました。そして，「誤差」は，データと各条件の平均値との差を扱いました。

　さて，対応ありの場合はどうでしょうか。対応ありの場合も同様に，「全体平均からのズレ」は，「要因の効果によるズレ[31]」と「誤差」に分けることができそうです。つまりアロマ前とアロマ中とアロマ後というアロマテラピー施術の要因による変動と，それ以外の部分の変動に分けることが可能と考えられます。要因の影響が十分にあれば，要因による変動が生じ，そして，全体の平均値と各測定時期（アロマ前とアロマ中とアロマ後）の平均値の差が生じるということになります。

　しかし問題はこの次です。先ほどもふれましたが，例えば，全体としてかなり疲れている人が，アロマ中はリラックス度が大きかった，という場合と，全体としてあまり疲れていない人が，アロマ中もリラックス度が大きかった，という場合とでは，アロマ中のリラックス度の程度が同じだとしても，意味が変わってきてしまいます。そのため，要因の効果を分離するだけではなく，「個人のベースライン（個人の平均値）と全体との差」も考慮して分離する必要があります。これを**個人差**といいます。「要因の効果によるズレ」で説明できない部分である「誤差」の中から，「個人差」を分離するのです。そして，個人差を分離した後に残ったものをここでは「誤差」とします。つまり，全員分のそれぞれのデータについて，「全体平均からのズレ」を，「要因の効果によるズレ」と「個人差」と「誤差」に分けることができます。なお，この全員分の「全体平均からのズレ」は総変動，「要因の効果によるズレ」は要因変動，「個人差」は**個人差変動**，そして，「誤差」は誤差変動[32]といいます[33]。これらには，以下の式のような関係があります。

$$総変動＝要因変動＋個人差変動＋誤差変動$$

　これを，被験者間の場合と比べたのが図67です。

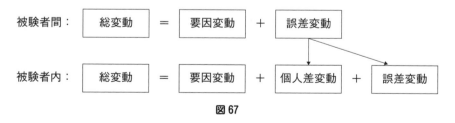

図67

　そして，誤差変動と要因変動を比較し，要因変動が誤差変動に対して十分に大きい場合に，要因の影響がある，つまり，アロマテラピー施術による変化があると判断するのです。言い換える

31　**水準変動**という場合もあります。
32　**残差**ということもあります。
33　被験者間分散分析の場合は，要因変動を群間変動，誤差変動を群内変動ということもあります。

と，個人の変動を調整したうえでも，要因の変動が誤差の変動よりも十分に大きければ，要因の影響力が十分にあると見なせる，ということです。具体的な数値の扱いについては，後ほど改めて確認していきましょう。

16 - 3 多重比較法

　対応ありの場合も，分散分析の後に多重比較法による分析をおこなうことが多いです。それでは多重比較法の説明をする前に，分散分析の帰無仮説と対立仮説を確認しておきましょう。先ほどの，アロマ前とアロマ中とアロマ後のリラックス度に違いがあるかどうか知りたいといった場合，帰無仮説は，「アロマ前のリラックス度の平均値＝アロマ中のリラックス度の平均値＝アロマ後のリラックス度の平均値」になります。「すべて等しい」ということです。それに対して対立仮説は，「どこかに違いがある」になります。つまり，アロマ前のリラックス度の平均値とアロマ中のリラックス度の平均値に違いがある可能性もあれば，アロマ中のリラックス度の平均値とアロマ後のリラックス度の平均値に違いがある可能性もあれば，アロマ後のリラックス度の平均値とアロマ前のリラックス度の平均値に違いがある可能性もあれば，もしくは，すべてに違いがある可能性もあるのです。少なくともどこかに違いがある，それが対立仮説です。

　そのため，帰無仮説が棄却されて対立仮説が採択されたとしても，「どこかに違いがある」ことはわかっても「どこに違いがあるか」はわからないのです。その時に，どこに違いがあるのか明らかにする分析方法が多重比較という方法です。

　対応なしの場合と同様，対応ありの場合に使える多重比較には様々な種類があります。ただ，対応なしの場合と同様に，本来は分散分析と多重比較は必ずしもセットでおこなわれるものではありません。しかし，一般的に分散分析で帰無仮説を棄却できた場合には多重比較法の分析をおこなう，という流れで分析が用いられることが多いです。

16 - 4 推測統計の流れ

　ここで，推測統計の手続きを再掲し，流れを確認したいと思います。

> **手続きの流れのテンプレート**
>
> **ステップ0：確認**
>
> 　はじめに，どのようなことを明らかにしたいのか，そしてそのためにはどのような分析をおこなう必要があるか，確認します。その際，データの尺度の種類を確認しておきましょう。
>
> ↓
>
> **ステップ1：図表の作成や記述統計量の算出**
>
> 　表を作成したり，グラフを作成します。また，平均値や標準偏差などの記述統計量を計算します。これは推測統計の前におこなっておくのが基本です。
>
> ↓

ステップ2：帰無仮説と対立仮説の確認

次に，帰無仮説と対立仮説を確認します。これをしないと，検定の結果の読み取りができなくなります。なお，この段階より前に，どの検定をおこなうのか決めておく必要があります。

↓

ステップ3：検定統計量の値の算出

平均値や分散，度数などをもとに検定統計量を計算します。この検定統計量は，分析によって種類が異なり，また，計算の仕方も異なります。

↓

ステップ4：棄却域とのてらしあわせと仮説の支持不支持の判断

分布表をもとに，検定統計量の値をてらしあわせて，帰無仮説を棄却できるか調べ，最終的な判断をおこないます。

↓

ステップ5：結果のまとめ

得られた結果を文章にまとめます。

なお，分散分析の場合は，この後に多重比較が続くことになります。

それでは，具体的に流れを追っていきましょう

ステップ0：確認

今回は，アロマ前とアロマ中とアロマ後のリラックス度の平均値（点）に違いがあるかどうか明らかにするという内容で話を進めたいと思います。なお，最大で20点で評価してもらったとしましょう。アロマ使用時期という要因が1つ，そして，被験者内デザインによって得られた対応ありデータの分析なので，1要因被験者内分散分析ということになります。

ステップ1：図表の作成や記述統計量の算出

今回は，記述統計量を算出したり，平均値のグラフを作成しておけばOKです。なお，今回は記述統計量は準備しておくので，皆さんが計算しなくても大丈夫です。

さて，全員のデータは表56にあるとおりです。

アロマ前とアロマ中とアロマ後のリラックス度（点）の平均値と標準偏差は表57にまとめておきます。平均値のグラフは図68のようになります。

表56

	アロマ前	アロマ中	アロマ後
P	2	18	7
Q	5	15	10
R	0	16	8
S	9	19	11

表 57

	アロマ前	アロマ中	アロマ後
平均値	4.00	17.00	9.00
標準偏差	3.39	1.58	1.58

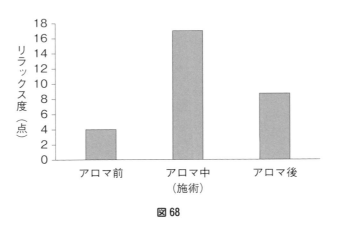

図 68

ステップ 2：帰無仮説と対立仮説の確認

　統計的仮説検定を行う前に，帰無仮説と対立仮説を確認します。帰無仮説は１点に定まる方があてはまります。対立仮説は，無限のバリエーションがある方があてはまります。この場合，１点に定まるのは「アロマ前とアロマ中とアロマ後のリラックス度得点のすべての平均値が等しい（違いがない，差がない，差が０である）」です。つまり，これがこの場合の帰無仮説です。となると，「アロマ前とアロマ中とアロマ後のリラックス度得点の平均値のどこかが異なる（違いがある，差がある，差が０ではない）」が対立仮説となります。どこにどの程度違いがあるのか，無限のバリエーションがあるからです。

　　　　帰無仮説：アロマ前のリラックス度の平均値＝アロマ中のリラックス度の平均値＝アロ
　　　　　　　　　マ後のリラックス度の平均値
　　　　対立仮説：[アロマ前のリラックス度の平均値＝アロマ中のリラックス度の平均値＝ア
　　　　　　　　　ロマ後のリラックス度の平均値] ではない

もっと簡単に要点だけ書くとこのようになります。

　　　　帰無仮説：「平均値がすべて等しい」
　　　　対立仮説：「平均値のどこかに違いがある」

　もし，検定の結果，帰無仮説が棄却されたならば，つまり，帰無仮説が間違いだと判断されたならば，対立仮説を採択し，「アロマ前のリラックス度とアロマ中のリラックス度とアロマ後のリラックス度の平均値のどこかに違いがある」と言えることになります。もし，帰無仮説が棄却できないとすると，「アロマ前のリラックス度とアロマ中のリラックス度とアロマ後のリラック

ス度のすべての平均値が等しい」ということになります。

　それでは帰無仮説を棄却できるかどうか分析をおこなってみましょう。

ステップ3：検定統計量の値の算出

　それでは具体的な数値で考えていきましょう。

　先ほどの表56と表57をまとめ，さらに，各個人の平均値と全体の平均値をまとめたものを表58に示します。これを見ながら，以降の説明を読んでいってください。

表58

	アロマ前	アロマ中	アロマ後	平均値
P	2	18	7	9.00
Q	5	15	10	10.00
R	0	16	8	8.00
S	9	19	11	13.00
平均値	4.00	17.00	9.00	10.00
標準偏差	3.39	1.58	1.58	

←各個人の平均値
←全体の平均値
各条件の平均値

　アロマ前のリラックス度の平均値は4です[34]。アロマ中のリラックス度の平均値は17，アロマ後のリラックス度の平均値は9です。全体の平均値は10です。なお，データの数（人数）は4です。

　さて，まずはアロマ前についてです。Pさんのアロマ前の値と全体の平均値（10）の差を算出しましょう。2－10＝－8になります。これがPさんのアロマ前における「全体平均からのズレ」の値になります。なお，アロマ中条件については，18－10＝8で，アロマ後条件については，7－10＝－3ですが，これは後で使いましょう。また，「要因の効果によるズレ」はアロマ前平均値と全体の平均値の差なので－6になります。これはPさんに限りません。さて，ここで，「個人差」を算出しましょう。Pさんの平均値から全体の平均値を計算すると，9－10＝－1になります。これが，Pさんの「個人差」になります。ちなみに，Pさんのアロマ前条件の「誤差」は，「全体平均からのズレ」＝「要因の効果によるズレ」＋「個人差」＋「誤差」なので，－8＝－6＋（－1）＋誤差になり，誤差＝－1となります。同様に，QさんからSさんまでアロマ前について「全体平均からのズレ」を「要因の効果によるズレ」と「個人差」と「誤差」に分離していきましょう。

　それらをまとめたのが，表59です。

34　本来は，4.00と表記すべきところですが，ここでは表記のわかりやすさを優先し4と表記しています。

表 59

アロマ前

	値	「全体平均からのズレ」	「要因の効果によるズレ」	「個人差」	「誤差」
		全体の平均値（10）との差	アロマ前平均値（4）と全体の平均値（10）との差	各個人の平均値（それぞれ 9, 10, 8, 13）と全体の平均値との差	「全体平均からのズレ」と「要因の効果によるズレ＋個人差」との差
P	2	$2 - 10 = -8$	$4 - 10 = -6$	$9 - 10 = -1$	$-8 - (-6 + (-1)) = -1$
Q	5	$5 - 10 = -5$	$4 - 10 = -6$	$10 - 10 = 0$	$-5 - (-6 + 0) = 1$
R	0	$0 - 10 = -10$	$4 - 10 = -6$	$8 - 10 = -2$	$-10 - (-6 + (-2)) = -2$
S	9	$9 - 10 = -1$	$4 - 10 = -6$	$13 - 10 = 3$	$-1 - (-6 + 3) = 2$

　先ほど，「全体平均からのズレ＝要因の効果によるズレ＋個人差＋誤差」になると説明しましたが，たしかにそのようになっていることが確認できると思います（表 60）。ともあれ，アロマ前については，これで「全体平均からのズレ」を「要因の効果によるズレ」と「個人差」と「誤差」に分けることができました。

表 60

	「全体平均からのズレ」		「要因の効果によるズレ」		「個人差」		「誤差」
P	-8		-6		-1		-1
Q	-5	$=$	-6	$+$	0	$+$	1
R	-10		-6		-2		-2
S	-1		-6		3		2

アロマ中とアロマ後についても同様に算出していきます。

アロマ中が表 61，アロマ後が表 62 です。

表 61

アロマ中

	値	「全体平均からのズレ」	「要因の効果によるズレ」	「個人差」	「誤差」
		全体の平均値（10）との差	アロマ中平均値（17）と全体の平均値（10）との差	各個人の平均値（それぞれ 9, 10, 8, 13）と全体の平均値との差	「全体平均からのズレ」と「要因の効果によるズレ＋個人差」との差
P	18	$18 - 10 = 8$	$17 - 10 = 7$	$9 - 10 = -1$	$8 - (7 + (-1)) = 2$
Q	15	$15 - 10 = 5$	$17 - 10 = 7$	$10 - 10 = 0$	$5 - (7 + 0) = -2$
R	16	$16 - 10 = 6$	$17 - 10 = 7$	$8 - 10 = -2$	$6 - (7 + (-2)) = 1$
S	19	$19 - 10 = 9$	$17 - 10 = 7$	$13 - 10 = 3$	$9 - (7 + 3) = -1$

表 62

アロマ後

	値	「全体平均からのズレ」	「要因の効果によるズレ」	「個人差」	「誤差」
		全体の平均値（10）との差	アロマ後平均値（9）と全体の平均値（10）との差	各個人の平均値（それぞれ 9, 10, 8, 13）と全体の平均値との差	「全体平均からのズレ」と「要因の効果によるズレ＋個人差」との差
P	7	$7 - 10 = -3$	$9 - 10 = -1$	$9 - 10 = -1$	$-3 - ((-1) + (-1)) = -1$
Q	10	$10 - 10 = 0$	$9 - 10 = -1$	$10 - 10 = 0$	$0 - ((-1) + 0) = 1$
R	8	$8 - 10 = -2$	$9 - 10 = -1$	$8 - 10 = -2$	$-2 - ((-1) + (-2)) = 1$
S	11	$11 - 10 = 1$	$9 - 10 = -1$	$13 - 10 = 3$	$1 - ((-1) + 3) = -1$

　ここで，「全体平均からのズレ」から「誤差」まで2乗して全体平方和と要因平方和と個人差平方和と誤差平方和を出すための準備をしていきましょう。

　アロマ前とアロマ中とアロマ後における，「全体平均からのズレ」，「要因の効果によるズレ」，個人差，誤差をそれぞれ2乗して足し合わせたものが表63です。例えば，アロマ前のPさんからSさんまでの「全体平均からのズレ」の2乗は $(-8)^2 + (-5)^2 + (-10)^2 + (-1)^2 = 64 + 25 + 100 + 1 = 190$ です。アロマ中のPさんからSさんまでの「全体平均からのズレ」の2乗は，$8^2 + 5^2 + 6^2 + 9^2 = 206$，アロマ後のPさんからSさんまでの「全体平均からのズレ」の2乗は，$(-3)^2 + 0^2 + (-2)^2 + 1^2 = 14$ です。「要因の効果によるズレ」の2乗，「個人差」の2乗，「誤差」の2乗についても，同様にPさんからSさんまで足し合わせておきます。

表63

アロマ前

	値	「全体平均からのズレ」の2乗	「要因の効果によるズレ」の2乗	「個人差」の2乗	「誤差」の2乗
P	2	$(-8) \times (-8) = 64$	$(-6) \times (-6) = 36$	$(-1) \times (-1) = 1$	$(-1) \times (-1) = 1$
Q	5	$(-5) \times (-5) = 25$	$(-6) \times (-6) = 36$	$0 \times 0 = 0$	$1 \times 1 = 1$
R	0	$(-10) \times (-10) = 100$	$(-6) \times (-6) = 36$	$(-2) \times (-2) = 4$	$(-2) \times (-2) = 4$
S	9	$(-1) \times (-1) = 1$	$(-6) \times (-6) = 36$	$3 \times 3 = 9$	$2 \times 2 = 4$
合計		⑲⓪ (190)	⑭④ (144)	⑭ (14)	⑩ (10)

アロマ中

	値	「全体平均からのズレ」の2乗	「要因の効果によるズレ」の2乗	「個人差」の2乗	「誤差」の2乗
P	18	$8 \times 8 = 64$	$7 \times 7 = 49$	$(-1) \times (-1) = 1$	$2 \times 2 = 4$
Q	15	$5 \times 5 = 25$	$7 \times 7 = 49$	$0 \times 0 = 0$	$(-2) \times (-2) = 4$
R	16	$6 \times 6 = 36$	$7 \times 7 = 49$	$(-2) \times (-2) = 4$	$1 \times 1 = 1$
S	19	$9 \times 9 = 81$	$7 \times 7 = 49$	$3 \times 3 = 9$	$(-1) \times (-1) = 1$
合計		(206)	(196)	(14)	(10)

アロマ後

	値	「全体平均からのズレ」の2乗	「要因の効果によるズレ」の2乗	「個人差」の2乗	「誤差」の2乗
P	7	$(-3) \times (-3) = 9$	$(-1) \times (-1) = 1$	$(-1) \times (-1) = 1$	$(-1) \times (-1) = 1$
Q	10	$0 \times 0 = 0$	$(-1) \times (-1) = 1$	$0 \times 0 = 0$	$1 \times 1 = 1$
R	8	$(-2) \times (-2) = 4$	$(-1) \times (-1) = 1$	$(-2) \times (-2) = 4$	$1 \times 1 = 1$
S	11	$1 \times 1 = 1$	$(-1) \times (-1) = 1$	$3 \times 3 = 9$	$(-1) \times (-1) = 1$
合計		(14)	(4)	(14)	(4)

　さて，それぞれの「全体平均からのズレ」の2乗と「要因の効果によるズレ」の2乗と「個人差」の2乗，そして「誤差」の2乗を足し合わせて，全体平方和と要因平方和と個人差平方和と誤差平方和を算出しましょう。

全体平方和＝ 190 ＋ 206 ＋ 14 ＝ 410

要因平方和＝ 144 ＋ 196 ＋ 4 ＝ 344

個人差平方和＝ 14 ＋ 14 ＋ 14 ＝ 42

誤差平方和＝ 10 ＋ 10 ＋ 4 ＝ 24

全体平方和＝要因平方和＋個人差平方和＋誤差平方和（410 ＝ 344 ＋ 42 ＋ 24）という関係があることが確認できます。

さて，ここで当初の目的である，要因の散らばりと誤差の散らばりを比較したいと思いますが，もう少し作業をおこないましょう。要因平方和と誤差平方和を比べたいのですが，その際に自由度で調整する必要があります。

では，自由度を算出しましょう。全体の自由度は，「条件の数×データの数− 1」なので 3 × 4 − 1 ＝ 11 です。要因の自由度は，「条件の数− 1」なので，3 − 1 ＝ 2 になります。個人差の自由度は「データの数− 1」なので，4 − 1 ＝ 3 になります。誤差の自由度は，「全体の自由度−要因の自由度−個人差の自由度」なので，11 − 2 − 3 ＝ 6 です。

そして，要因平方和と誤差平方和のそれぞれを自由度で割ります。要因平方和÷要因自由度＝ 344.0 ÷ 2 ＝ 172.00 です。誤差平方和÷誤差自由度＝ 24 ÷ 6 ＝ 4.00 です。それぞれ，**要因の平均平方**，**誤差の平均平方**という言い方をします[35]。

$$要因の平均平方 = \frac{要因平方和}{要因自由度} = \frac{344.0}{2} = 172.00$$

$$誤差の平均平方 = \frac{誤差平方和}{誤差自由度} = \frac{24}{6} = 4.00$$

最後に，要因の平均平方を誤差の平均平方で割ることによって F 値を算出することができます。今回は，F 値＝ 172.00 ÷ 4.00 ＝ 43.00 です。

$$F = \frac{\dfrac{要因平方和}{要因自由度}}{\dfrac{誤差平方和}{誤差自由度}} = \frac{要因の平均平方}{誤差の平均平方} = \frac{172.00}{4.00} = 43.00$$

これまでのところを分散分析表にまとめてみます（表 64）。本文中の説明と分散分析表の値をてらしあわせて確認してください。

表 64

	平方和	自由度	平均平方	F 値
要因	344.0	2	172.00	43.00
個人差	42.0	3	14.00	
誤差	24.0	6	4.00	
全体	410.0	11		

35　**個人差の平均平方**についても同様に算出できます。42.0 ÷ 3 ＝ 14.00 です。

／ステップ4：棄却域とのてらしあわせと仮説の支持不支持の判断／

　さて，それではここで F 分布表を見てみましょう（p. 210 の付表 3 参照）。F 分布表の場合は，たいてい，有意水準ごとに表が分かれています。まずは，有意水準が 5 ％の表を見ることにしましょう。そして，表の上の第 1 自由度については要因の自由度である 2，表の左の第 2 自由度については誤差の自由度である 6 のところを探し，その上と左のクロスしたところの数字を読み取ります（表 65）。

表 65

		第1自由度									
		1	2	3	4	5	6	7	8	9	10
	1	161.40	199.50	215.70	224.60	230.20	234.00	236.80	238.90	240.50	241.90
	2	18.51	19.00	19.16	19.25	19.30	19.33	19.35	19.37	19.38	19.40
	3	10.13	9.55	9.28	9.12	9.01	8.94	8.89	8.85	8.81	8.79
	4	7.71	6.94	6.59	6.39	6.26	6.16	6.09	6.04	6.00	5.96
	5	6.61	5.79	5.41	5.19	5.05	4.95	4.88	4.82	4.77	4.74
	6	5.99	(5.14)	4.76	4.53	4.39	4.28	4.21	4.15	4.10	4.06
	7	5.59	4.74	4.35	4.12	3.97	3.87	3.79	3.73	3.68	3.64
	8	5.32	4.46	4.07	3.84	3.69	3.58	3.50	3.44	3.39	3.35
	9	5.12	4.26	3.86	3.63	3.48	3.37	3.29	3.23	3.18	3.14
第2自由度	10	4.96	4.10	3.71	3.48	3.33	3.22	3.14	3.07	3.02	2.98
	11	4.84	3.98	3.59	3.36	3.20	3.09	3.01	2.95	2.90	2.85
	12	4.75	3.89	3.49	3.26	3.11	3.00	2.91	2.85	2.80	2.75
	13	4.67	3.81	3.41	3.18	3.03	2.92	2.83	2.77	2.71	2.67
	14	4.60	3.74	3.34	3.11	2.96	2.85	2.76	2.70	2.65	2.60
	15	4.54	3.68	3.29	3.06	2.90	2.79	2.71	2.64	2.59	2.54
	16	4.49	3.63	3.24	3.01	2.85	2.74	2.66	2.59	2.54	2.49
	17	4.45	3.59	3.20	2.96	2.81	2.70	2.61	2.55	2.49	2.45
	18	4.41	3.55	3.16	2.93	2.77	2.66	2.58	2.51	2.46	2.41
	19	4.38	3.52	3.13	2.90	2.74	2.63	2.54	2.48	2.42	2.38
	20	4.35	3.49	3.10	2.87	2.71	2.60	2.51	2.45	2.39	2.35
	21	4.32	3.47	3.07	2.84	2.68	2.57	2.49	2.42	2.37	2.32
	22	4.30	3.44	3.05	2.82	2.66	2.55	2.46	2.40	2.34	2.30

　数字は 5.14 でした。これが，第 1 自由度が 2，第 2 自由度が 6 のときの F 分布における臨界値となります。

　ここで，次のような図を書いてみましょう。

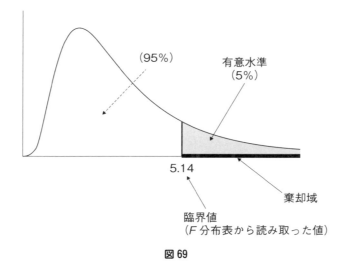

図 69

　まず F 分布の（ような）形を書き，その後，先ほどの臨界値のあたりに縦に線を引いて，その右側を塗りつぶしてください。

　これで準備は整いました。この塗りつぶしたところが有意水準であり，塗りつぶしたところの下の横軸の範囲が**棄却域**になります。

　もしサンプルのデータから算出した検定統計量の値（ここでは F 値）が棄却域の中に入っていれば，それは有意水準を 5 ％としたときに帰無仮説を棄却できる（間違いだと判断できる）ということになります。つまり，滅多にない値なので，帰無仮説の方がおかしいと判断して帰無仮説の方を棄却する（間違いだとする）のです。もし，サンプルのデータから算出した統計量が棄却域の中に入っていなければ，帰無仮説は棄却できない（間違いだと判断できない）ことになります。

　さて，今回の F 値は 43.00 です。つまり，今回の棄却域の中に入っています（図 70）。そのため，「帰無仮説を 5 ％水準で棄却できる」ということができます。

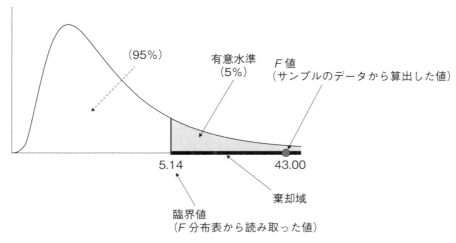

図 70

　さて，帰無仮説を思い出してみましょう。今回の帰無仮説は「アロマ前とアロマ中とアロマ後のリラックス度得点のすべての平均値が等しい（違いがない，差がない，差が0である）」でした。今回の分析結果から，この帰無仮説を確率的に間違いだと判断することになります。つまり，帰無仮説が棄却されることになります。そして，対立仮説である「アロマ前とアロマ中とアロマ後のどこかのリラックス度得点の平均値のどこかが異なる（差がある，差が0ではない）」を採択するということになります。

　したがって，今回のデータから「アロマ前とアロマ中とアロマ後のリラックス度得点の平均値のどこかに違いがある」と判断することができるのです。

　さてここで分散分析は一段落ですが，初めに説明したように，このままではどこに違いがあるのかまではわかりません。そこで，多重比較をおこなう必要が出てきます。ステップ5に進んでも良いのですが，合わせて結果のまとめを説明したいので，少し待ってください。

ステップ4.5：多重比較

　先に，検定の多重性の問題から，3群以上を比較する際には2つの平均値の差の検定を繰り返してはいけないと説明しました（p. 154参照）。つまり，アロマ前とアロマ中，アロマ中とアロマ後，アロマ後とアロマ前の組み合わせに対して，2つの平均値の差の検定を3回繰り返してはいけないこととなっています。そこで，多重比較をおこなうことになります。

　多重比較は，有意水準を調整するなどして，検定の多重性の問題をクリアし，組み合わせの中で1つでも有意差が出てくる確率を元の水準に戻すことを目的としておこなわれます。

　ここでは具体的な例として，ボンフェローニ法で説明していくことにします。ボンフェローニ法は，平均値を比較するセットの数で有意水準とした値を割ります。つまり，今回の例であれば，アロマ前とアロマ中，アロマ中とアロマ後，アロマ後とアロマ前，の3セットの比較をおこなうので，0.05（5%）を3で割り，$0.05 \div 3 = 0.0167$（1.67%）が新たな有意水準となります。

　今回，それぞれのセットについて2つの平均値の差の検定をおこなうと（13章を読み直してみてください），次のようになります。アロマ前とアロマ中は$t(3) = -7.51$，アロマ中とアロマ後は$t(3) = 6.53$，アロマ後とアロマ前は$t(3) = 4.08$です[36]。そして，自由度が3のときの有意水準を1.67%としたときの臨界値は4.86です[37]。

　さて，それではこの臨界値とそれぞれのセットのt値を比べてみましょう。アロマ前とアロマ中については，t値が棄却域に入っています（-4.86よりも小さい）。アロマ中とアロマ後については，t値が棄却域に入っています（4.86よりも大きい）。アロマ後とアロマ前については棄却域に入っていません。つまり，アロマ前とアロマ中，アロマ中とアロマ後については帰無仮説を棄却することができるということになり，平均値も合わせて考えると，アロマ前よりアロマ中は平均値が大きく，アロマ後はアロマ中よりも平均値が小さい，ということになります。まとめてみると，アロマ前とアロマ後はアロマ中よりも平均値が小さい，ということになります。

36　被験者内デザインの場合の自由度については，13章の方法でかまいません。
37　この値は，付表4からは読み取ることができません。付表4は5%水準のときの表だからです。そこで，ボンフェローニ法を用いたときの臨界値の表を準備しました。付表6（p. 213）です。

／ステップ5：結果のまとめ／

これが，1要因被験者内分散分析および多重比較の一連の流れです。

そしてこれを文章にまとめると，下のようになります。あくまでも一例です。

「アロマ前とアロマ中とアロマ後のリラックス度の平均値が異なるか，1要因被験者内分散分析をおこなった。$F_{(2, 6)} = 43.00$であり，5％水準で有意であった。そこでボンフェローニ法による多重比較をおこなったところ，アロマ前とアロマ中のリラックス度の平均値，また，アロマ中とアロマ後のリラックス度の平均値は有意差が認められた。したがって，アロマ中のリラックス度はアロマ前とアロマ後のリラックス度よりも大きいことが明らかとなった」。

ここで，各部分の説明を追加しておきます。なお，それぞれの群についての記述統計量は，文章内ではなく表などで表しておきます。

$F_{(2, 6)} = 43.00$とありますが，括弧の中のカンマの前は第1自由度を，カンマの後は第2自由度を書きます。今回，第1自由度は2，第2自由度は6なので，$F_{(2, 6)} = 43.00$という表記になります。

そして，有意であったかどうかを書きます。今回は5％を有意水準としたので，5％と書きますが，もしこれを1％とした場合は，「1％水準で有意であった」のように書きます。もし，有意でなかった場合は，「○％水準で有意ではなかった」と書けばよいです。

さて，分散分析の後には，多重比較の結果を書きますが，違いがあるという判断になっても，その違いの方向についてはわかりません。今回の場合，平均値が等しくないということがわかったとしても，どちらの平均値が大きいのかについては，検定からは判断できません。そこで，サンプルの平均値の大小を見て判断します。その結果，アロマ中のリラックス度の平均値の方が，アロマ前とアロマ後のリラックス度の平均値に比べて大きいことが判断できます。そこで，結果を書く際には，そのように書くことになります。

それをふまえたうえで，もう一度先ほどの文章を見てください。

（1）アロマ前とアロマ中とアロマ後のリラックス度の平均値が異なるか，

（2）1要因被験者内分散分析をおこなった。

（3）$F_{(2, 6)} = 42.00$であり，5％水準で有意であった。

〈4〉そこでボンフェローニ法による多重比較をおこなったところ，アロマ前とアロマ中のリラックス度の平均値，また，アロマ中とアロマ後のリラックス度の平均値は有意差が認められた。

（5）したがって，アロマ中のリラックス度はアロマ前とアロマ後のリラックス度よりも大きいことが明らかとなった。

4つのブロックとプラス1のブロックになっていることも確認できたかと思います。それぞれのブロックの内容は以下のとおりです。

（1）何を明らかとしようとしたのか。

（2）何の検定をおこなったのか，どのような分析をおこなったのか。

（3）検定統計量の値（今回は F 値）や自由度，そして有意であったかどうか（有意水準含む）。

〈4〉多重比較の結果がどうであったか。

（5）結果として何がいえるか。

　これらの内容について過不足なく書いておくことが基本となります。しっかりと覚えておいてください。なお，基本はブロックは4つですが，今回は，多重比較が入ってくるために1つ増えています。

　最後に，もう一度確認しておきましょう。ここで明らかになった「アロマ前とアロマ中とアロマ後のリラックス度得点のどこかの平均値が異なる」ということ，そして，「アロマ中のリラックス度はアロマ前とアロマ後のリラックス度よりも大きい」のは，手元のサンプルのことについて言及しているのではありません。あくまでも，サンプルの背後にある母集団のことについて言及しているのです。ついつい，手元のデータのことについて話をしているように勘違いしてしまうことがありますが，あくまでも明らかにしようとしているのは母集団のことであることを忘れないようにしてください。

練習問題 24

　検定をおこない，そして結果を文章にまとめてみましょう。

「5名の学生に PC とタブレットとスマホで講義資料を視聴してもらい，どの程度見やすいか10点満点でたずねたところ，それぞれの回答者のデータは表66のようになった。全体の平均値は6.40，それぞれの平均値は7.80，6.60，4.80，また，標準偏差はそれぞれ，1.33，1.50，1.47である。媒体によって資料の見やすさの平均値が異なるといえるかどうか」。

　なお多重比較はボンフェローニ法で，調整済みの有意水準に対応した臨界値は3.96です。

表 66

	PC	タブレット	スマホ
T	8	7	6
U	6	4	2
V	8	8	5
W	10	8	6
X	7	6	5

コラム 23　分散分析不要論!?

　分散分析で「どこかに違いがある」ことがわかったら，「どこに違いがある」のかを調べるために多重比較を行うことを学びました。ところが，分散分析で「どこかに違いがある」という結果になっても，多重比較で「どこにも違いがない」結果になることがときどきあります。もともと，分散分析と多重比較は，統計学的には別々の方法なので，分散分析で「差あり」となったのに多重比較でどこにも「差なし」になることもあれば，逆に分散分析で「差なし」となったにもかかわらず多重比較でどこかが「差あり」になることもあります。

　それならば，分散分析などおこなわず，初めから多重比較だけおこなえばよいのではないか，と思うことでしょう。実は，心理統計学の専門家の中には，そう考える人もいます。しかし，論文などで実際に初めから多重比較をおこなってしまうと，「どうして分散分析をおこなわないの？　分散分析をおこなったら差がなかったのでは？」と疑われてしまう可能性があります。多重比較でも分散分析でも「差あり」になるのであれば，字数はかさみますが，分散分析の結果も載せておいた方がいいと思います（こういうことを書くから，最初に分散分析をおこなうことがなくならないのでしょうけれど）。

　ただし，1要因の分散分析について知らないと，2要因の分散分析を理解することができませんし，2要因の分散分析は，交互作用を調べるときに必要な方法です。たとえ論文で1要因分散分析をおこなう必要がなくなっても，1要因分散分析は，心理統計学で学ぶ必要のある方法だと思います。　　　　　　　　　　　　　　　　　　　　　　　　　　　　　　　（橋本貴充）

第5部 他の推測統計など

ここでは，第4部で説明しなかった分析方法について触れます。それは，記述統計でおこなった相関分析に対する推測統計についてです。そして，最後に，少しまとめをしてみます。

17章　相関分析の推測統計（無相関検定）

　ここでは，相関分析の推測統計について説明します。第4章で，記述統計としての相関分析の説明をおこないました。そして，その分析では2つの変数の関連性について明らかにできることを説明しました。例えば，自分の外見についての満足感（外見満足度）と自己肯定感の関連性について，その関連の強さなどを明らかにすることができます。

　実は，そのようなサンプルのデータにおける相関分析の結果を用いて，母集団における2つの変数の関連性について検討をおこなうことができます。それを**無相関検定**といいます。ここではその相関分析の推測統計である無相関検定について説明します。

17-1　推測統計の流れ

　ここで，推測統計の流れについて再確認したいと思います。

手続きの流れのテンプレート

ステップ0：確認

　はじめに，どのようなことを明らかにしたいのか，そしてそのためにはどのような分析をおこなう必要があるか，確認します。その際，データの尺度の種類を確認しておきましょう。

↓

ステップ1：図表の作成や記述統計量の算出

　表を作成したり，グラフを作成します。そして，平均値や標準偏差などの記述統計量を計算します。これは推測統計の前におこなっておくのが基本です。

↓

ステップ2：帰無仮説と対立仮説の確認

　次に，帰無仮説と対立仮説を確認します。これをしないと，検定の結果の読み取りができなくなります。なお，この段階より前に，どの検定をおこなうのか決めておく必要があります。

↓

/ ステップ3：検定統計量の値の算出 /

　平均値や分散，度数などをもとに検定統計量の値を計算します。この検定統計量は，分析によって種類が異なり，また，計算の仕方も異なります。

↓

/ ステップ4：棄却域とのてらしあわせと仮説の支持不支持の判断 /

　分布表をもとに，検定統計量の値をてらしあわせて，帰無仮説を棄却できるか調べ，最終的な判断をおこないます。

↓

/ ステップ5：結果のまとめ /

　得られた結果を文章にまとめます。

それでは，具体的に流れを追っていきましょう。

/ ステップ0：確認 /

　今回は，自分の外見についての満足感（外見満足度）と，自己肯定感の関連性について明らかにするという内容で話を進めたいと思います。なお，自己肯定感とは，自分の存在をポジティブに捉える感情のことを意味します。外見満足度も自己肯定観もどちらも 25 点満点で回答してもらったデータということにします。

/ ステップ1：図表の作成や記述統計量の算出 /

　まず，記述統計量を算出する必要があります（平均値と標準偏差は，今回は検定に用いないので省略します）。今回のメインとなるピアソンの積率相関係数も計算しておく必要があります。しかし，今回は準備しておくので，皆さんが計算しなくても大丈夫です。

　さて，ピアソンの積率相関係数は $r = .62$（0.62 のこと）としましょう。ちなみに，人数は 30 人とします。散布図にすると図 71 のようになります。右肩上がりで，それなりに点がまとまっているので，強い正の相関であることが確認できます（p. 51 の図 16 参照）。

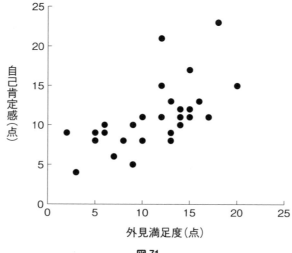

図71

／ステップ２：帰無仮説と対立仮説の確認 ／

　推測統計をおこなう前に，帰無仮説と対立仮説を確認します。帰無仮説は１点に定まる方が当てはまります。対立仮説は，無限のバリエーションがある方が当てはまります。

　さて，自分の外見についての満足感と，自己肯定感に関連があるかどうか明らかにしたいと思います。この場合，１点に定まるのは「外見満足度と自己肯定感に相関がない（相関は０である）」です。つまり，これがこの場合の帰無仮説です。となると，「外見満足度と自己肯定感に相関がある（相関は０ではない）」が対立仮説となります。無限のバリエーションがあるからです。

> 帰無仮説：外見満足度と自己肯定感に相関がない（相関は０である）
>
> 対立仮説：外見満足度と自己肯定感に相関がある（相関は０ではない）

もっと簡単に要点だけ書くとこのようになります。

> 帰無仮説：「相関がない」
>
> 対立仮説：「相関がある」

　もし，統計的仮説検定の結果，帰無仮説が棄却されたならば，つまり，帰無仮説が間違いだと判断されたならば，対立仮説を採択し，「外見満足度と自己肯定感に相関がある」と言えることになります。もし，帰無仮説が棄却できないとすると，「外見満足度と自己肯定感に相関がない」ということになります。

　それでは帰無仮説を棄却できるかどうか分析をおこなってみましょう。

／ステップ３：統計量の算出 ／

　無相関検定のときには，t 値を用います。t 値は，ピアソンの積率相関係数である r をもとに計算します。

　計算式は以下のとおりです。

$$t = \frac{r\sqrt{\text{データの数} - 2}}{\sqrt{1 - r^2}}$$

　今回，r は .62 でした。そして，データの数は 30 です。これを式に入れると，以下のようになります。

$$t = \frac{r\sqrt{\text{データの数} - 2}}{\sqrt{1 - r^2}} = \frac{0.62\sqrt{30 - 2}}{\sqrt{1 - 0.62^2}} = \frac{0.62\sqrt{28}}{\sqrt{1 - 0.384}} = \frac{0.62 \times 5.29}{\sqrt{0.616}} = \frac{3.280}{0.785} = 4.18$$

ここで，あと１つ計算をする必要があります。自由度です。

> 自由度＝データの数－２

今回は，自由度＝ 30 － 2 ＝ 28 となります。

／ステップ4：棄却域とのてらしあわせと仮説の支持不支持の判断 ／

　さて，それではここで t 分布表を見てみましょう（p. 211 付表4）。有意確率が5％のところを見ることにします。表の上の5％のところを見てみましょう。そして今度は，自由度が28のところを左側から探してみましょう。そして，上と左のクロスしたところの数字を読み取ります（表67）。

表67

		有意水準（両側）		
		5 ％	1 ％	0.1％
自由度	1	12.71	63.66	636.62
	2	4.30	9.93	31.60
	3	3.18	5.84	12.92
	4	2.78	4.60	8.61
	5	2.57	4.03	6.87
	6	2.45	3.71	5.96
	7	2.37	3.50	5.41
	8	2.31	3.36	5.04
	9	2.26	3.25	4.78
	10	2.23	3.17	4.59
	11	2.20	3.11	4.44
	12	2.18	3.06	4.32
	13	2.16	3.01	4.22
	14	2.15	2.98	4.14
	15	2.13	2.95	4.07
	16	2.12	2.92	4.02
	17	2.11	2.90	3.97
	18	2.10	2.88	3.92
	19	2.09	2.86	3.88
	20	2.09	2.85	3.85
	21	2.08	2.83	3.82
	22	2.07	2.82	3.79
	23	2.07	2.81	3.77
	24	2.06	2.80	3.75
	25	2.06	2.79	3.73
	26	2.06	2.78	3.71
	27	2.05	2.77	3.69
	28	2.05	2.76	3.67
	29	2.05	2.76	3.66
	30	2.04	2.75	3.65
	40	2.02	2.70	3.55
	60	2.00	2.66	3.46

　数字は2.05でした。つまり，これが，自由度28のときの t 分布における臨界値となります。ここで，次（図72）のような図を書いてみましょう。

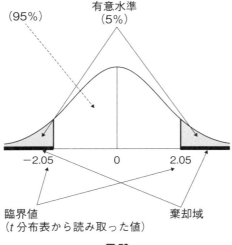

図 72

　まず，t 分布の（ような）形を書き，その後，先ほどの臨界値のあたりに縦に線を引いて，その右側を塗りつぶしてください。また，臨界値の負の値（マイナスをつけた値）の左側も塗りつぶしてください。この塗りつぶしたところが有意水準で，塗りつぶしたところの下の横軸の範囲が棄却域でした。

　もしサンプルのデータから算出した検定統計量（ここでは t 値）が棄却域の中に入れば，それは有意水準を 5％としたときに帰無仮説を棄却できる（間違いだと判断できる）ということになります。つまり，滅多にない値なので，帰無仮説の方がおかしいと判断して帰無仮説の方を間違いだとするのです。もし，サンプルのデータから算出した統計量が棄却域の中に入っていなければ，帰無仮説は棄却できない（間違いだと判断できない）ことになります。

　さて，今回の t 値は 4.18 です。つまり，今回の棄却域の中に入っています（図 73）。そのため，「帰無仮説を 5％水準で棄却できる」ということができます。

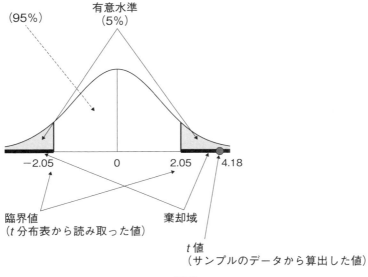

図 73

　さて，帰無仮説を思い出してみましょう。今回の帰無仮説は「外見満足度と自己肯定感に相関がない（相関は0である）」でした。これを確率論的に間違いだと判断することになります。つまり，帰無仮説が棄却されることになります。そして，対立仮説である「外見満足度と自己肯定感に相関がある（相関は0ではない）」を採択するということになります。

　したがって，今回のデータから「外見満足度と自己肯定感に相関がある」と判断することができます。

／ステップ5：結果のまとめ／

　これが，無相関検定の一連の流れです。

　そしてこれを文章にまとめると，下のようになります。あくまでも一例です。

> 「外見満足度と自己肯定感に相関があるか，相関分析をおこなったところ$r = .62$であった。無相関検定をおこなったところ，$t(28) = 4.18$であり，5％水準で有意であった。したがって，外見満足度と自己肯定感に強い正の相関があり，それは有意な相関であることが明らかになった」。

　ここで，各部分の説明を追加しておきます。

　まず，ピアソンの積率相関係数を書きます。これがないとはじまりません。次に，$t(28) = 4.18$とありますが，括弧の中の数字は自由度でした。そして，何％を有意水準としたかも書きます。今回は5％を有意水準とするので，「5％水準で有意であった」と書きます。有意水準を1％とした場合は，「1％水準で有意であった」のように書きます。有意でなかった場合は，「○％水準で有意ではなかった」と書けばよいです。

　また，無相関検定で有意であった場合，つまり，母集団において相関があるという結論が得られた場合，ピアソンの積率相関係数rの値から，相関の方向性（正か負か）や相関の強さについても，判断して記述する必要があります。そこで，結果を書く際には，そのことも含めて書くことになります。

　それをふまえたうえで，もう一度先ほどの文章を見てください。

（1）外見満足度と，自己肯定感に相関があるか，相関分析をおこなったところ$r = .62$であった。

（2）無相関検定をおこなったところ，

（3）$t(28) = 4.18$であり，5％水準で有意であった。

（4）したがって，外見満足度と自己肯定感に強い正の相関があり，それは有意な相関であることが明らかになった。

　4つのブロックになっていることも再確認できたかと思います。それぞれのブロックの内容は下のとおりです。

（1）何を明らかにしようとしたのか。

（2）何の検定をおこなったのか，どのような分析をおこなったのか。

（3）検定統計量の値（今回は t 値）や自由度，そして有意であったかどうか（有意水準含む）。

（4）結果として何が言えるか。

　最後に，もう一度確認しておきましょう。ここで明らかになった「外見満足度と自己肯定感に相関がある」というのは，手元のサンプルについて言及しているのではありません。あくまでも，サンプルの背後にある母集団のことについて言及しているのです。あくまでも明らかにしようとしているのは母集団のことであることを忘れないようにしてください。

　ところで，相関分析の場合は，t 値や自由度を書かずに r の値と有意水準だけを記述することもおこなわれています。しかし，無相関検定の結果をしっかりと記述した方がよいでしょう。

練習問題 25

　以下の練習問題について，検定をおこない，そして結果を文章にまとめてみましょう。「思春期の男性 24 人を対象に身長の高さと行動の積極性の相関を検討したところ，ピアソンの積率相関係数が $r = .50$ であった。このデータに対する無相関検定の結果からどのようなことがいえるか」。

18章　効果量

　ここでは，**効果量**について説明します。効果量とは，実際にどれだけの差があるのか，関連があるのか，というその程度を示す指標です。近年は，実質的な差の大きさや関連の大きさを示す効果量を，統計的仮説検定の結果とあわせて記載するようになってきています。いくつかの指標があり，どのような分析をおこなうかによって使い分けが必要になります。

18-1　効果量はなぜ必要なのか

　これまで説明してきた統計的仮説検定では，確率論的にある仮説が正しいかどうかを検証するという手続きをおこなってきました。5％などの有意水準を設定し，それを下回った場合は帰無仮説を棄却する，という流れです。ここでは，二分法的な考え方で結果を捉えることになり，しかもそれが，恣意的な5％という基準によって決まってしまうという，やや乱暴なことがおこなわれることになります。そうなると，p 値が .049 だと棄却するけれども .051 だと棄却しないということが生じ，わずかな p 値の違いで判断が変わってしまいます。

　しかも，実はデータの数が大きくなるほど，統計的仮説検定の結果が有意になりやすいという性質があります。例えば表 68 のデータの場合，例 1 も例 2 も，比較する 2 つの群の平均値と標準偏差は同じです。違うのはデータの数のみです。そして，ここで平均値の差の検定をおこなうと，例 1 では 5％水準で有意ではないのに，例 2 では有意になります（表 68 参照）。平均値も標準偏差も 2 つの群で同じなのに，データの数が違うだけで，有意か有意でないかが変わってしまうというのは[38]，実質的な差がどの程度か読み取りたいという目的の際には困ったことになります。

表 68

		平均値	標準偏差	データの数	t 値	p 値
例 1	グループ A	60	20	10	1.12	0.28
	グループ B	50	20	10		
例 2	グループ C	60	20	20	3.54	0.001
	グループ D	50	20	20		

38　このことからも，p 値が小さいほど差が大きいというわけではないことが確認できるかと思います。

　さらに，統計的仮説検定の結果がデータの数に依存してしまうとなると，有意になるまでデータを取り続けるといった，不正とでもいえる行為によって，適切ではない知見が世の中に出ていってしまうことになります。そのため，データの数に依存しない，実質的な意味を示す指標も大事になってきます。

　そもそも，統計的仮説検定で扱うのはあくまでも確率の話であって，程度の話ではありません。例えば，降水確率が100%であっても少ししか雨が降らないこともあるでしょうし，降水確率が10%であっても土砂降りのこともあるでしょう。雨の降る確率だけではなくどのくらいの量の雨が降るか，といったことを知りたい場合もあるでしょう。

　その実質的な意味（効果と表現します）を示す指標が効果量です。効果量によって，確率ではなく，実質的にどの程度の差があるのか，または，どの程度の関連があるのかを指標によって示すことができます。そのため，最近は，効果量も統計的仮説検定の結果とあわせて記述することが求められるようになってきています。

18 - 2　効果量の種類

　効果量には様々な種類がありますが，大きく2つに分けることができます。1つは，差についてのもので，群間にどの程度の差があるかを表すことができます。これは，**d 族の効果量**といいます。例えば，心理学部の学生のスマホ利用時間と経済学部の学生のスマホ利用時間の平均値を比較するような場合です。もう1つは，関連の大きさについてのもので，変数間にどの程度の関係性があるか，つまり，関係がどの程度大きいか小さいかを表すことができます。これは，**r 族の効果量**といいます。例えば，親しい友人の数と大学生活の充実感にどの程度の関係があるかを調べるような場合です。なお，d 族や r 族といった呼び方以外の呼び方をされる場合もあります。d 族には，Cohen の d，Hedges の g，Glass の Δ が，r 族には，r，r^2，η^2（イータ二乗），偏η^2，などがあります[39]。

　これまでこのテキストで扱ってきた分析に対応するものを表にまとめてみました（表69）。確認してみてください。

表69

分析方法	効果量	解釈の目安		
		小	中	大
2つの平均値の差の検定	d	.20〜	.50〜	.80〜
	r	.10〜	.30〜	.50〜
相関分析（ピアソンの積率相関係数）	r	.10〜	.30〜	.50〜
分散分析（1要因）	η^2	.01〜	.06〜	.14〜
多重比較	d	.20〜	.50〜	.80〜
	r	.10〜	.30〜	.50〜
独立性の検定（2 × 2）	ϕ	.10〜	.30〜	.50〜
独立性の検定（上記以外）	クラメールの V	.10〜	.30〜	.50〜

39　名称や計算方法に混乱が見られているのが現状です。そのため，どの定義の計算式を用いたのかを明記し，読んだ人が判断できるようにしておくのが望ましいとされています。ここでは，とりあえず一般的なもので説明を進めます。

18 - 3　効果量の大きさの解釈

　さて，効果量によって実質的な差の程度や関連の程度が示されるとして，その値はどのように解釈すればよいのでしょうか。実は，必ずしも統一した見解があるわけではないのですが，一例を挙げておきます。先ほどの表 69 の右側を確認してみてください。2 つの平均値の差の検定（対応あり）の場合の効果量 d の読み取りを見てみることにしましょう。もしこの値が .20 を下回っていれば差はほとんどない，その値が .60 であれば中程度の差がある，というように解釈します。統計的仮説検定のように，有意水準を設定してそれを下回るか否かで結果が二分されるのではなく，あくまでも差や関連の程度が連続的に表され，そしてその程度を読み取っていくことになります[40]。もちろん，この基準はあくまで目安です。d = .19 であれば関連がない，.21 であれば関連がある，といった二分的なものではないということに注意してください。また，基準となる値をどこにするかも，いろいろな考え方があります。

18 - 4　効果量の考え方と算出方法（d の場合）

　ここでは，d の考え方と算出方法について説明したいと思います。

　まず，分布が同じ 2 つの群のデータをイメージしてください。もし，平均値がまったく一緒であれば，図 74 の a のように，完全に重なっています。しかし，平均値が違えばその差の程度によって次第に重なりがなくなっていきます（b から f）。このとき，平均値が標準偏差 0.5 個分の差があるとします[41]。その場合は c に示すような状態です。重なり具合は 67.0％です。そして，平均値が標準偏差 1.0 個分の差があるとします。その場合は e に示すような状態で，重なり具合は 44.6％です。このように，標準偏差を単位としてどのくらい平均値に差があるかを示したものが d の値なのです。標準偏差 1 個分の差であれば，d は 1 になります。逆に，d を見れば，どのくらい平均値に差があるのか読み取ることができます。例えば，d が .8 であれば，約半分は重なりがないということになります。なお，実際には，2 つの群の分布がまったく同じということはないので，値を計算するときには調整をします。

40　この考え方の反映もあり，近年は p 値も連続的に表記されるようになっています（コラム 16 参照）。
41　標準偏差については，3 章の p. 39 で説明していますので，必要に応じて読み直してください。

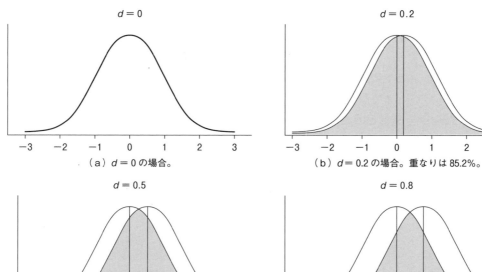

（a）$d = 0$ の場合。

（b）$d = 0.2$ の場合。重なりは 85.2%。

（c）$d = 0.5$ の場合。重なりは 67.0%。

（d）$d = 0.8$ の場合。重なりは 52.6%。

（e）$d = 1.0$ の場合。重なりは 44.6%。

（f）$d = 2.0$ の場合。重なりは 18.9%。

図 74

それでは，式を確認しましょう[42]。

$$d = \frac{(\text{平均値} A - \text{平均値} B)}{\sqrt{\dfrac{\text{データの数} A \times \text{標準偏差} A^2 + \text{データの数} B \times \text{標準偏差} B^2}{\text{データの数} A + \text{データの数} B}}}$$

A 群の平均値と B 群の平均値を算出し，それを調整した両方の標準偏差[43]で割るというのが大枠になります。

表 68（p. 193）の例 1 について，実際にやってみましょう。

$$d = \frac{(60 - 50)}{\sqrt{\dfrac{10 \times 20^2 + 10 \times 20^2}{10 + 10}}} = \frac{10}{\sqrt{\dfrac{4000 + 4000}{20}}} = \frac{10}{\sqrt{400}} = \frac{10}{20} = 0.5$$

42　先ほども書いたように，名称や計算方法に混乱が認められている状況です。ここでは，標準偏差いくつ分の差かということと対応しておりわかりやすい定義の式で説明をおこなっています。

43　ここの標準偏差は，標本分散の平方根である標準偏差です。不偏分散の平方根の標準偏差ではないので注意してください。

d = 0.5 になりました。

　ちなみに，表 68（p. 193）の例 2 も，効果量 d を算出すると d = 0.5 となり，両方の例におい
て実質的な 2 群の差は同じということが確認できます。

18 - 5　結果の記述の仕方

　d が算出されたとして，その結果をどのように記述したらよいか，例を示しておきます。近年
は，統計的仮説検定の結果（検定統計量である t 値や F 値など，そして p 値）だけでなく，効果
量も記述する必要があります。また，信頼区間（p. 88）を記載することも求められます。これら
をまとめて記載する必要があります。

　11 章の結果（p. 116）を元に記載してみたいと思います。

　　　　「心理学部の学生のスマホ利用時間の平均値（M = 140，SD = 5.22）と経済学部の学生
　　　　のスマホ利用時間の平均値（M = 120，SD = 4.22）が異なるか，平均値の差の検定を
　　　　おこなった。$t(18)$ = 8.80，p < .001，d = 4.17，95% CI [2.55, 5.79]。したがって，心
　　　　理学部の学生のスマホ利用時間の平均値が経済学部の学生のスマホ利用時間の平均値よ
　　　　りも大きいことが明らかとなった」。[44]

　5％や 1％の有意水準を基準に記載するわけではないので，以前おこなったように分布表から
臨界値を読み取って，有意水準を下回っているか否かの判断に基づき，p < .05 といった表記を
おこなうわけではありません。これまでは，分布表を見れば有意水準を下回っているか否か判断
できたので，その読み取りを元に p < .05 といった表記をすることができました。しかし，p 値
そのものは，コンピュータ（統計用のソフト）を使わないと計算が難しいので，分布表からは読
み取ることができなくなります。あくまでも，コンピュータを使った場合の記述と思っておいて
ください。

　また，効果量の**信頼区間**についても，効果量に基づき算出します。ここでは具体的な計算手続
きは説明しませんが，信頼区間の記述も必要ということを覚えておいてください。なお，これも
コンピュータによって計算することができます（統計用のソフトで簡単に計算できます）。

　それでは，他の分析法の場合の記載内容の例についても簡単にまとめておくことにします。例
えば分散分析であれば $F(2, 45)$ = 3.64，p = .034，η^2 = .139 といった記述をおこないます。ま
た，独立性の検定であれば，$\chi^2(1, N = 270)$ = 21.36，p < .001，ϕ = .28，といった記述になり
ます[45]。

18 - 6　効果量があれば統計的仮説検定はいらないのか

　効果量によって差や関連の程度を示すことができるのであれば，統計的仮説検定は不要ではと
考える人もいるかもしれません。しかし，不要というわけではないのです。というのも，統計的

44　95% 信頼区間は，「95%CI［下限，上限］」といったように記載します。
45　χ^2 の後の括弧の中は，「（自由度，N ＝データの数）」です。

仮説検定は，手元のデータから母集団の特徴を推測するという目的のために用いられるものであり，偶然に差が生じた（関連が生じた）という可能性があるか否かを調べるためのものだからです。実質的な差や効果の大きさを見るのは，統計的仮説検定の結果をふまえたうえでということになります。

　また，統計的仮説検定の結果と効果量の結果の組み合わせを考えると，「有意（$p < .05$）であっても効果量が小さい」ということもあれば，「有意でなくても効果量が大きい」という場合が生じます。もちろん，「有意（$p < .05$）であり効果量が大きい」という場合もあれば，「有意でなくて効果量が小さい」という場合もありえます。結果を誤解なく解釈するためにも，そして誤解なく伝えるためにも，統計的仮説検定の結果を示し，さらに効果量の結果を示す，ということが大事だといえます。効果量が大きいから有意でなくてもかまわない，というわけではないことに注意しましょう。

18-7　効果量と検出力

　ところで，効果量と関連するものに**検出力**というのがあります。せっかくなのでここで簡単に説明しておきます。

　検出力とは，第2種の過誤（9章参照）とならない確率のことです[46]。つまり，帰無仮説が棄却されるべきときに検定の結果からも棄却と判断される確率です。差が本当はあるのにそれを見落としてしまうということは避けたいわけです（もちろん，差がないのに拾ってしまうということも避けたいわけですが）。そのため，効果があることを見落とさずに検出する確率を考え，ある程度のところにそれを設定する必要があります。一般的には，その確率を 0.8 とします。もし，検出力が 0.8 であれば，検定を 100 回おこなった場合に 80 回は有意であることを見落とさない（有意であることを検出する）ということを意味します。

　効果量と検出力，有意水準，そしてデータの数は連動しています。そのため，効果量を予測し，その効果を検出できる検出力を決めて有意水準を決めれば，データをどのくらい集めればよいかがわかります。

練習問題 26

　以下の練習問題について，効果量 d を算出してみましょう。
「男性 10 人と女性 12 人のスマホ利用時間（分）を測定したところ，男性と女性のスマホ利用時間の平均値はそれぞれ 120 と 80 ということが明らかになった。なお，標準偏差はそれぞれ 5.61 と 5.24 である」。

46　第2種の過誤の確率をβとしたときに，検出力は「1 $-\beta$」となります。

19章　その他の分析方法およびまとめ

これまで説明してきた分析方法は，心理学で用いる分析方法のごくごく一部です。その他にも，多くの分析方法があります。例えば，分散分析（15章，16章参照）の2要因や3要因の分析や重回帰分析，因子分析やコレスポンデンス分析，クラスター分析，そして，構造方程式モデリングなど，数え切れないほどの分析方法があります。それぞれ，特徴を理解したうえで用いる必要があります。

19-1　分析方法と尺度の種類

どのようなデータであればどのような分析がおこなえるのかについては決まりがあります。そしてその判断は，データの尺度の種類が基準の1つとなります。

尺度の種類を思い出してみましょう。

（1）**名義尺度**：カテゴリーに数値を割り当てる尺度（例：性別）
（2）**順序尺度**：順序（大小関係）だけを示すように数値を割り当てる尺度（例：マラソンの順位）
（3）**間隔尺度**：一定の等しい単位で計測された数値を割り当てる尺度（例：摂氏温度（日本の温度表示））
（4）**比例尺度**：一定の等しい単位で計測された数値を割り当てる尺度。そして，割り当てられた数字のゼロが「ない（存在しない）」ということを示している尺度（例：物の長さ）

データの尺度は，この4つのどれかになります。そして，この4つのどれかによって，使うことのできる分析は変わってきます。基本的に，比例尺度や間隔尺度のデータは用いることのできる分析の種類が多く，また，分析も高度になってきます。一方，順序尺度や名義尺度のデータは用いることのできる分析の種類が限られる傾向があります。なお，間隔尺度と比例尺度は，用いることができる分析方法は同じなので，ここの区別は特に意識しなくても問題ありません。

さて，これまで説明してきた検定方法を思い出してみましょう。平均値の差の検定は，2つの群は名義尺度で，比較したい何かは間隔尺度か比例尺度になります。独立性の検定であれば，どちらも名義尺度でした。このように，分析方法と尺度水準は対応しているため，自分の扱ってい

るデータがどの尺度水準なのか，そして，その場合にどの分析方法を使うことができるのか，それらをしっかりと把握しておく必要があります。これを無視して算出した値は，まったく役に立ちません。注意してください。

19-2　最後に

さて，心理統計法の基本の基本について，できうる限り丁寧に説明してきたつもりでしたが，どうだったでしょうか。難しく感じた人もいるかもしれません。もしかすると，思ったよりも簡単と感じた人もいるかもしれません。

「第0章　まえふり」でも書きましたが，心理学を大学で学ぶとき，心理統計は避けて通ることができません。そもそも，心理統計は心理学という学問の中で重要な位置を占めていて，それ抜きにはほとんど何もできません。皆さんは今後，他の講義や演習，そして卒業論文作成などで心理統計を扱うことがあるでしょう。そのときのためにも，心理統計をしっかりと学び，少しでも理解して，心理学そのものの学びを深めていってもらえたらと考えています。

1回読んでわからなかったら，もう1回読んでみてください。おそらく1回目よりは，なんとなく理解できると思います。そうしたら，さらにもう1回読んでみてください。そうすると，さらに理解できるようになってくると思います。そして，慣れてきたら，他の心理統計の本も読んでみてください。おそらく，理解が一気に深まると思います。面倒ですが，地道にやっていって慣れるしかありません。頑張って学んでください。

コラム24　平均値の差の検定の前提としての分散の等質性の検定

多くの教科書等において，対応なしデータにおける2つの平均値を比較する場合に，まず分散の等質性の検定をおこない，母分散が等しいと見なせる場合は「平均値の差の検定（等分散の場合）」を，データの分散が等しくないと見なせない場合は「平均値の差の検定（等分散でない場合）」をおこなうという流れで説明がおこなわれています。

しかし，最近では，必ずしもその流れで分析をおこなわなくてもよいという考え方が広まってきています。具体的には，分散の等質性の検定をおこなわずに，等分散でない場合の平均値の差の検定をおこなうという考え方です。統計的にも，むしろ，先に分散の等質性の検定をおこなったうえで平均値の差の検定を重ねておこなうということ自体に問題があるため，はじめから「平均値の差の検定（等分散でない場合）」をおこなうことはむしろベターであり，これまでの方法を問題がある方法だと考える人もいます。

ともあれ，等分散であってもなくても，「平均値の差の検定（等分散でない場合）」をおこなっても問題がないということです。平均値の差の検定の前にわざわざ分散の等質性の検定をおこなったり，等分散か否かで検定方法を選んだりといった面倒なことを考えないですみます。

統計処理用のソフトなどでも，初期状態が平均値の差の検定（等分散でない場合）になっているものもあります。このような状況を考慮し，本当は，この教科書では学習のスムーズさと統計的適切さを両立させるために，はじめから「平均値の差の検定（等分散でない場合）」だけを説明する予定でした。

しかし，従来の教科書や，今後皆さんが使うであろう統計処理用のソフトのマニュアルなどでは，分散の等質性の検定を先におこなうという説明がなされているかもしれませんし，授業でもその流れで説明がなされるかもしれませんので，あえて，分散の等質性の検定を先に説明してから，等分散の場合と等分散でない場合の両方の平均値の差の検定の方法を説明する構成にしています。

練習問題の解答および解説

　ナカニシヤ出版ホームページ内の本書の紹介ページに，練習問題の解答および解説を掲載しています。ぜひみなさんの学習にご活用ください。

『やさしく学べる心理統計法入門 増補版』Web 版別冊
―練習問題の解答および解説―

URL：https://hondana-storage.s3.amazonaws.com/81/
files/kaito2.pdf

パスワード：shinritoukei2

索　引

付録 1　復習ノート

ノート 1　割合とパーセンテージ（百分率）

　例えば，婚活パーティーの参加者が 10 人で，女性が 2 人だとします。この場合，女性の割合は，女性の数÷全体の数なので，2 ÷ 10 = 0.2 となります。これは，割合を表したものになります。これをパーセンテージで表すことがあります。いわゆる「何パーセント」というものです。割合である 0.2 に 100 を掛けると，0.2 × 100 = 20 となり，20 パーセント（%）とパーセンテージで表現することができます。

　　　　割合が 0.4 であれば，0.4 × 100 = 40%
　　　　割合が 0.25 であれば，0.25 × 100 = 25%
　　　　割合が 0.019 であれば，0.019 × 100 = 1.9%
　　　　割合が 0.0032 であれば，0.0032 × 100 = 0.32%

もちろん，パーセンテージを割合で表すこともできます。

　　　　18.8%であれば，18.8 ÷ 100 で割合は 0.188
　　　　2.6%であれば，2.6 ÷ 100 で割合は 0.026
　　　　0.2%であれば，0.2 ÷ 100 で割合は 0.002

　後に有意確率のところでも必要になってくるので，しっかりと覚えてください。

ノート 2　小数の四捨五入

　小数の四捨五入について，ここでおさらいしておきましょう。

　例えば，0.2537 を小数第 3 位で四捨五入して第 2 位までで表す場合は，小数第 2 位の 3 以降を四捨して，0.25 と小数第 2 位までで表します。

　例えば，0.2537 を小数第 4 位で四捨五入して第 3 位までで表す場合は，小数第 4 位の 7 以降を五入して，0.254 と小数第 3 位までで表します。決して，切り捨ててしまって，0.253 としないようにしましょう。

ノート 3　以上，以下，未満，より大きい，より小さい

　「以上」，「以下」，などの用語について確認しておきます。以上と以下の場合は，その数値を含みます。ですから，5 以上といった場合は，5 を含みます。5 や，5.00001 や，6.22 などです。5 以下といった場合は，5 を含みます。5 や，4.9999 …や，3.333 などです。

　「未満」の場合は，その数値を含みません。ですから，5 未満といった場合は，4.99999 などは含みますが，5 は含みません。

　「より大きい」，「より小さい」は，未満のように，その数値を含みません。ですから，5 より大きいといった場合，5.000001 は含みますが 5 は含みません。5 より小さいといった場合，4.99999 は含みますが，5 は含みません。

　度数分布表に数値をまとめるときには気をつけましょう。

ノート4　有効桁数

　2.0 と 2.00 は同じように見えて，実は意味が異なります。2.0 は，1.95 から 2.04 の間の数字を四捨五入したものとなります。2.00 は，1.995 から 2.004 の間を四捨五入したものとなります。このように示す範囲が異なるため，本当は勝手に 0 を削って 2.0 を 2 といったように表記してはいけません。

ノート5　絶対値

　ここで，絶対値をおさらいしておきましょう。絶対値とは，簡単にいうと正負の符号をとってしまうことです。| 数字 | のように，数字の両脇を絶対値の記号で挟むことによって，符号を取ってしまいます。

$$|3| = 3$$
$$|-2| = 2$$
$$|-15| = 15$$

　なお，絶対値で 1 を超えないということは，−1 から 0 の範囲と，0 から +1 の範囲を合わせた −1 から +1 の範囲ということになります。つまり，$|X| \leqq 1$ は，$-1 \leqq X \leqq 1$ と表すことができます。

ノート6　まるめの誤差

　小数をどのケタで四捨五入するかによって，最終的な計算結果が変わってくることがあります。

　例えば，0.225 + 1.448 = 1.673 で，この段階で小数第 3 位を四捨五入すると 1.67 になります。一方，0.225 と 1.448 を先に小数第 3 位を四捨五入してしまうと，0.23 + 1.45 = 1.68 となってしまい，先ほどと答えが変わってきてしまいます。

　このように，四捨五入により生じるズレのことを「まるめの誤差」といいます。

　まるめの誤差ができるだけ生じないように，本来は，計算過程でできるだけ小数の桁数が多いまま計算をおこなうことが勧められます。

ノート7　電卓の「＋/−」記号の使い方

　電卓で −5 × −10 を計算しようとして「−」「5」「×」「−」「1」「0」を打つと，−15 という値を返してきます。本当は 50 のはずなのに，おかしなことになります。これは，「×」と「−」が続いたときに，後に打った方の「−」だけが効果をもってしまうからです。つまり，−5 − 10 という計算をしたことになってしまいます。

　そこでこのようなときは，「＋/−」を使うことで解決します。これは，正負を逆にすることができます。例えば，10 が表示されているときに「＋/−」を打つと −10 ということになります。

　つまり，「−」「5」「×」「1」「0」「＋/−」と打つことによって，−5 × −10 の意味になり，ちゃんと 50 という値が返ってくるようになります。

付録 2　付表

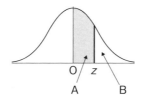

付表 1　標準正規分布における確率

z	A	B	z	A	B	z	A	B
0.00	0.000	0.500	0.45	0.174	0.326	0.90	0.316	0.184
0.01	0.004	0.496	0.46	0.177	0.323	0.91	0.319	0.181
0.02	0.008	0.492	0.47	0.181	0.319	0.92	0.321	0.179
0.03	0.012	0.488	0.48	0.184	0.316	0.93	0.324	0.176
0.04	0.016	0.484	0.49	0.188	0.312	0.94	0.326	0.174
0.05	0.020	0.480	0.50	0.191	0.309	0.95	0.329	0.171
0.06	0.024	0.476	0.51	0.195	0.305	0.96	0.331	0.169
0.07	0.028	0.472	0.52	0.198	0.302	0.97	0.334	0.166
0.08	0.032	0.468	0.53	0.202	0.298	0.98	0.336	0.164
0.09	0.036	0.464	0.54	0.205	0.295	0.99	0.339	0.161
0.10	0.040	0.460	0.55	0.209	0.291	1.00	0.341	0.159
0.11	0.044	0.456	0.56	0.212	0.288	1.01	0.344	0.156
0.12	0.048	0.452	0.57	0.216	0.284	1.02	0.346	0.154
0.13	0.052	0.448	0.58	0.219	0.281	1.03	0.348	0.152
0.14	0.056	0.444	0.59	0.222	0.278	1.04	0.351	0.149
0.15	0.060	0.440	0.60	0.226	0.274	1.05	0.353	0.147
0.16	0.064	0.436	0.61	0.229	0.271	1.06	0.355	0.145
0.17	0.067	0.433	0.62	0.232	0.268	1.07	0.358	0.142
0.18	0.071	0.429	0.63	0.236	0.264	1.08	0.360	0.140
0.19	0.075	0.425	0.64	0.239	0.261	1.09	0.362	0.138
0.20	0.079	0.421	0.65	0.242	0.258	1.10	0.364	0.136
0.21	0.083	0.417	0.66	0.245	0.255	1.11	0.367	0.133
0.22	0.087	0.413	0.67	0.249	0.251	1.12	0.369	0.131
0.23	0.091	0.409	0.68	0.252	0.248	1.13	0.371	0.129
0.24	0.095	0.405	0.69	0.255	0.245	1.14	0.373	0.127
0.25	0.099	0.401	0.70	0.258	0.242	1.15	0.375	0.125
0.26	0.103	0.397	0.71	0.261	0.239	1.16	0.377	0.123
0.27	0.106	0.394	0.72	0.264	0.236	1.17	0.379	0.121
0.28	0.110	0.390	0.73	0.267	0.233	1.18	0.381	0.119
0.29	0.114	0.386	0.74	0.270	0.230	1.19	0.383	0.117
0.30	0.118	0.382	0.75	0.273	0.227	1.20	0.385	0.115
0.31	0.122	0.378	0.76	0.276	0.224	1.21	0.387	0.113
0.32	0.126	0.374	0.77	0.279	0.221	1.22	0.389	0.111
0.33	0.129	0.371	0.78	0.282	0.218	1.23	0.391	0.109
0.34	0.133	0.367	0.79	0.285	0.215	1.24	0.393	0.107
0.35	0.137	0.363	0.80	0.288	0.212	1.25	0.394	0.106
0.36	0.141	0.359	0.81	0.291	0.209	1.26	0.396	0.104
0.37	0.144	0.356	0.82	0.294	0.206	1.27	0.398	0.102
0.38	0.148	0.352	0.83	0.297	0.203	1.28	0.400	0.100
0.39	0.152	0.348	0.84	0.300	0.200	1.29	0.401	0.099
0.40	0.155	0.345	0.85	0.302	0.198	1.30	0.403	0.097
0.41	0.159	0.341	0.86	0.305	0.195	1.31	0.405	0.095
0.42	0.163	0.337	0.87	0.308	0.192	1.32	0.407	0.093
0.43	0.166	0.334	0.88	0.311	0.189	1.33	0.408	0.092
0.44	0.170	0.330	0.89	0.313	0.187	1.34	0.410	0.090

付表 1　標準正規分布における確率（続き）

z	A	B	z	A	B	z	A	B
1.35	0.411	0.089	1.90	0.471	0.029	2.45	0.493	0.007
1.36	0.413	0.087	1.91	0.472	0.028	2.46	0.493	0.007
1.37	0.415	0.085	1.92	0.473	0.027	2.47	0.493	0.007
1.38	0.416	0.084	1.93	0.473	0.027	2.48	0.493	0.007
1.39	0.418	0.082	1.94	0.474	0.026	2.49	0.494	0.006
1.40	0.419	0.081	1.95	0.474	0.026	2.50	0.494	0.006
1.41	0.421	0.079	1.96	0.475	0.025	2.51	0.494	0.006
1.42	0.422	0.078	1.97	0.476	0.024	2.52	0.494	0.006
1.43	0.424	0.076	1.98	0.476	0.024	2.53	0.494	0.006
1.44	0.425	0.075	1.99	0.477	0.023	2.54	0.494	0.006
1.45	0.426	0.074	2.00	0.477	0.023	2.55	0.495	0.005
1.46	0.428	0.072	2.01	0.478	0.022	2.56	0.495	0.005
1.47	0.429	0.071	2.02	0.478	0.022	2.57	0.495	0.005
1.48	0.431	0.069	2.03	0.479	0.021	2.58	0.495	0.005
1.49	0.432	0.068	2.04	0.479	0.021	2.59	0.495	0.005
1.50	0.433	0.067	2.05	0.480	0.020	2.60	0.495	0.005
1.51	0.434	0.066	2.06	0.480	0.020	2.61	0.495	0.005
1.52	0.436	0.064	2.07	0.481	0.019	2.62	0.496	0.004
1.53	0.437	0.063	2.08	0.481	0.019	2.63	0.496	0.004
1.54	0.438	0.062	2.09	0.482	0.018	2.64	0.496	0.004
1.55	0.439	0.061	2.10	0.482	0.018	2.65	0.496	0.004
1.56	0.441	0.059	2.11	0.483	0.017	2.66	0.496	0.004
1.57	0.442	0.058	2.12	0.483	0.017	2.67	0.496	0.004
1.58	0.443	0.057	2.13	0.483	0.017	2.68	0.496	0.004
1.59	0.444	0.056	2.14	0.484	0.016	2.69	0.496	0.004
1.60	0.445	0.055	2.15	0.484	0.016	2.70	0.497	0.003
1.61	0.446	0.054	2.16	0.485	0.015	2.71	0.497	0.003
1.62	0.447	0.053	2.17	0.485	0.015	2.72	0.497	0.003
1.63	0.448	0.052	2.18	0.485	0.015	2.73	0.497	0.003
1.64	0.449	0.051	2.19	0.486	0.014	2.74	0.497	0.003
1.65	0.451	0.049	2.20	0.486	0.014	2.75	0.497	0.003
1.66	0.452	0.048	2.21	0.486	0.014	2.76	0.497	0.003
1.67	0.453	0.047	2.22	0.487	0.013	2.77	0.497	0.003
1.68	0.454	0.046	2.23	0.487	0.013	2.78	0.497	0.003
1.69	0.454	0.046	2.24	0.487	0.013	2.79	0.497	0.003
1.70	0.455	0.045	2.25	0.488	0.012	2.80	0.497	0.003
1.71	0.456	0.044	2.26	0.488	0.012	2.81	0.498	0.002
1.72	0.457	0.043	2.27	0.488	0.012	2.82	0.498	0.002
1.73	0.458	0.042	2.28	0.489	0.011	2.83	0.498	0.002
1.74	0.459	0.041	2.29	0.489	0.011	2.84	0.498	0.002
1.75	0.460	0.040	2.30	0.489	0.011	2.85	0.498	0.002
1.76	0.461	0.039	2.31	0.490	0.010	2.86	0.498	0.002
1.77	0.462	0.038	2.32	0.490	0.010	2.87	0.498	0.002
1.78	0.462	0.038	2.33	0.490	0.010	2.88	0.498	0.002
1.79	0.463	0.037	2.34	0.490	0.010	2.89	0.498	0.002
1.80	0.464	0.036	2.35	0.491	0.009	2.90	0.498	0.002
1.81	0.465	0.035	2.36	0.491	0.009	2.91	0.498	0.002
1.82	0.466	0.034	2.37	0.491	0.009	2.92	0.498	0.002
1.83	0.466	0.034	2.38	0.491	0.009	2.93	0.498	0.002
1.84	0.467	0.033	2.39	0.492	0.008	2.94	0.498	0.002
1.85	0.468	0.032	2.40	0.492	0.008	2.95	0.498	0.002
1.86	0.469	0.031	2.41	0.492	0.008	2.96	0.498	0.002
1.87	0.469	0.031	2.42	0.492	0.008	2.97	0.499	0.001
1.88	0.470	0.030	2.43	0.492	0.008	2.98	0.499	0.001
1.89	0.471	0.029	2.44	0.493	0.007	2.99	0.499	0.001

付表 2　*t* 分布（信頼区間）

		信頼区間	
		95%	99%
自由度	1	12.71	63.66
	2	4.30	9.93
	3	3.18	5.84
	4	2.78	4.60
	5	2.57	4.03
	6	2.45	3.71
	7	2.37	3.50
	8	2.31	3.36
	9	2.26	3.25
	10	2.23	3.17
	11	2.20	3.11
	12	2.18	3.06
	13	2.16	3.01
	14	2.15	2.98
	15	2.13	2.95
	16	2.12	2.92
	17	2.11	2.90
	18	2.10	2.88
	19	2.09	2.86
	20	2.09	2.85
	21	2.08	2.83
	22	2.07	2.82
	23	2.07	2.81
	24	2.06	2.80
	25	2.06	2.79
	26	2.06	2.78
	27	2.05	2.77
	28	2.05	2.76
	29	2.05	2.76
	30	2.04	2.75
	40	2.02	2.70
	60	2.00	2.66

付表3　F分布（Fの臨界値，有意水準5%，片側）

								第1自由度								
		1	2	3	4	5	6	7	8	9	10	11	12	15	20	30	∞
	1	161.40	199.50	215.70	224.60	230.20	234.00	236.80	238.90	240.50	241.90	243.00	243.90	245.90	248.00	250.10	254.30
	2	18.51	19.00	19.16	19.25	19.30	19.33	19.35	19.37	19.38	19.40	19.40	19.41	19.43	19.45	19.46	19.50
	3	10.13	9.55	9.28	9.12	9.01	8.94	8.89	8.85	8.81	8.79	8.76	8.74	8.70	8.66	8.62	8.53
	4	7.71	6.94	6.59	6.39	6.26	6.16	6.09	6.04	6.00	5.96	5.94	5.91	5.86	5.80	5.75	5.63
	5	6.61	5.79	5.41	5.19	5.05	4.95	4.88	4.82	4.77	4.74	4.70	4.68	4.62	4.56	4.50	4.36
	6	5.99	5.14	4.76	4.53	4.39	4.28	4.21	4.15	4.10	4.06	4.03	4.00	3.94	3.87	3.81	3.67
	7	5.59	4.74	4.35	4.12	3.97	3.87	3.79	3.73	3.68	3.64	3.60	3.57	3.51	3.44	3.38	3.23
	8	5.32	4.46	4.07	3.84	3.69	3.58	3.50	3.44	3.39	3.35	3.31	3.28	3.22	3.15	3.08	2.93
	9	5.12	4.26	3.86	3.63	3.48	3.37	3.29	3.23	3.18	3.14	3.10	3.07	3.01	2.94	2.86	2.71
	10	4.96	4.10	3.71	3.48	3.33	3.22	3.14	3.07	3.02	2.98	2.94	2.91	2.85	2.77	2.70	2.54
	11	4.84	3.98	3.59	3.36	3.20	3.09	3.01	2.95	2.90	2.85	2.82	2.79	2.72	2.65	2.57	2.40
	12	4.75	3.89	3.49	3.26	3.11	3.00	2.91	2.85	2.80	2.75	2.72	2.69	2.62	2.54	2.47	2.30
	13	4.67	3.81	3.41	3.18	3.03	2.92	2.83	2.77	2.71	2.67	2.63	2.60	2.53	2.46	2.38	2.21
	14	4.60	3.74	3.34	3.11	2.96	2.85	2.76	2.70	2.65	2.60	2.57	2.53	2.46	2.39	2.31	2.13
	15	4.54	3.68	3.29	3.06	2.90	2.79	2.71	2.64	2.59	2.54	2.51	2.48	2.40	2.33	2.25	2.07
第2自由度	16	4.49	3.63	3.24	3.01	2.85	2.74	2.66	2.59	2.54	2.49	2.46	2.42	2.35	2.28	2.19	2.01
	17	4.45	3.59	3.20	2.96	2.81	2.70	2.61	2.55	2.49	2.45	2.41	2.38	2.31	2.23	2.15	1.96
	18	4.41	3.55	3.16	2.93	2.77	2.66	2.58	2.51	2.46	2.41	2.37	2.34	2.27	2.19	2.11	1.92
	19	4.38	3.52	3.13	2.90	2.74	2.63	2.54	2.48	2.42	2.38	2.34	2.31	2.23	2.16	2.07	1.88
	20	4.35	3.49	3.10	2.87	2.71	2.60	2.51	2.45	2.39	2.35	2.31	2.28	2.20	2.12	2.04	1.84
	21	4.32	3.47	3.07	2.84	2.68	2.57	2.49	2.42	2.37	2.32	2.28	2.25	2.18	2.10	2.01	1.81
	22	4.30	3.44	3.05	2.82	2.66	2.55	2.46	2.40	2.34	2.30	2.26	2.23	2.15	2.07	1.98	1.78
	23	4.28	3.42	3.03	2.80	2.64	2.53	2.44	2.37	2.32	2.27	2.24	2.20	2.13	2.05	1.96	1.76
	24	4.26	3.40	3.01	2.78	2.62	2.51	2.42	2.36	2.30	2.25	2.22	2.18	2.11	2.03	1.94	1.73
	25	4.24	3.39	2.99	2.76	2.60	2.49	2.40	2.34	2.28	2.24	2.20	2.16	2.09	2.01	1.92	1.71
	26	4.23	3.37	2.98	2.74	2.59	2.47	2.39	2.32	2.27	2.22	2.18	2.15	2.07	1.99	1.90	1.69
	27	4.21	3.35	2.96	2.73	2.57	2.46	2.37	2.31	2.25	2.20	2.17	2.13	2.06	1.97	1.88	1.67
	28	4.20	3.34	2.95	2.71	2.56	2.45	2.36	2.29	2.24	2.19	2.15	2.12	2.04	1.96	1.87	1.65
	29	4.18	3.33	2.93	2.70	2.55	2.43	2.35	2.28	2.22	2.18	2.14	2.10	2.03	1.94	1.85	1.64
	30	4.17	3.32	2.92	2.69	2.53	2.42	2.33	2.27	2.21	2.16	2.13	2.09	2.01	1.93	1.84	1.62
	40	4.08	3.23	2.84	2.61	2.45	2.34	2.25	2.18	2.12	2.08	2.04	2.00	1.92	1.84	1.74	1.51
	60	4.00	3.15	2.76	2.53	2.37	2.25	2.17	2.10	2.04	1.99	1.95	1.92	1.84	1.75	1.65	1.39
	120	3.92	3.07	2.68	2.45	2.29	2.18	2.09	2.02	1.96	1.91	1.87	1.83	1.75	1.66	1.55	1.25
	∞	3.84	3.00	2.60	2.37	2.21	2.10	2.01	1.94	1.88	1.83	1.79	1.75	1.67	1.57	1.46	1.00

付表 4　t 分布（t の臨界値, 両側）

		有意水準		
		5 %	1 %	0.1%
自由度	1	12.71	63.66	636.62
	2	4.30	9.93	31.60
	3	3.18	5.84	12.92
	4	2.78	4.60	8.61
	5	2.57	4.03	6.87
	6	2.45	3.71	5.96
	7	2.37	3.50	5.41
	8	2.31	3.36	5.04
	9	2.26	3.25	4.78
	10	2.23	3.17	4.59
	11	2.20	3.11	4.44
	12	2.18	3.06	4.32
	13	2.16	3.01	4.22
	14	2.15	2.98	4.14
	15	2.13	2.95	4.07
	16	2.12	2.92	4.02
	17	2.11	2.90	3.97
	18	2.10	2.88	3.92
	19	2.09	2.86	3.88
	20	2.09	2.85	3.85
	21	2.08	2.83	3.82
	22	2.07	2.82	3.79
	23	2.07	2.81	3.77
	24	2.06	2.80	3.75
	25	2.06	2.79	3.73
	26	2.06	2.78	3.71
	27	2.05	2.77	3.69
	28	2.05	2.6	3.67
	29	2.05	2.76	3.66
	30	2.04	2.75	3.65
	40	2.02	2.70	3.55
	60	2.00	2.66	3.46

付表5 χ^2 分布（χ^2 の臨界値，片側）

		有意水準		
		5 %	1 %	0.1%
自由度	1	3.84	6.63	10.83
	2	5.99	9.21	13.82
	3	7.81	11.34	16.27
	4	9.49	13.28	18.47
	5	11.07	15.09	20.52
	6	12.59	16.81	22.46
	7	14.07	18.48	24.32
	8	15.51	20.09	26.12
	9	16.92	21.67	27.88
	10	18.31	23.21	29.59
	11	19.68	24.72	31.26
	12	21.03	26.22	32.91
	13	22.36	27.69	34.53
	14	23.68	29.14	36.12
	15	25.00	30.58	37.70
	16	26.30	32.00	39.25
	17	27.59	33.41	40.79
	18	28.87	34.81	42.31
	19	30.14	36.19	43.82
	20	31.41	37.57	45.31

付表 6　ボンフェローニ法を用いる際の t 分布（t の臨界値，有意水準 5%，両側）

		3 群比較 （3 組の比較） 有意水準は 0.0167 に 調整	4 群比較 （6 組の比較） 有意水準は 0.0083 に 調整	5 群比較 （10 組の比較） 有意水準は 0.005 に 調整	6 群比較 （15 組の比較） 有意水準は 0.0033 に 調整
自由度	1	38.19	76.39	127.32	190.98
	2	7.65	10.89	14.09	17.28
	3	4.86	6.23	7.45	8.58
	4	3.96	4.85	5.60	6.25
	5	3.53	4.22	4.77	5.25
	6	3.29	3.86	4.32	4.70
	7	3.13	3.64	4.03	4.36
	8	3.02	3.48	3.83	4.12
	9	2.93	3.36	3.69	3.95
	10	2.87	3.28	3.58	3.83
	11	2.82	3.21	3.50	3.73
	12	2.78	3.15	3.43	3.65
	13	2.75	3.11	3.37	3.58
	14	2.72	3.07	3.33	3.53
	15	2.69	3.04	3.29	3.48
	16	2.67	3.01	3.25	3.44
	17	2.66	2.98	3.22	3.41
	18	2.64	2.96	3.20	3.38
	19	2.63	2.94	3.17	3.35
	20	2.61	2.93	3.15	3.33
	21	2.60	2.91	3.14	3.31
	22	2.59	2.90	3.12	3.29
	23	2.58	2.89	3.10	3.27
	24	2.57	2.88	3.09	3.26
	25	2.57	2.87	3.08	3.24
	26	2.56	2.86	3.07	3.23
	27	2.55	2.88	3.06	3.22
	28	2.55	2.84	3.05	3.21
	29	2.54	2.83	3.04	3.20
	30	2.54	2.83	3.03	3.19
	40	2.50	2.77	2.97	3.12
	60	2.46	2.73	2.92	3.06

〈初版〉あとがき

　実家の壁一面の本棚の中に，岩原信九郎先生の『教育と心理のための推計学』という本を見つけ，ぺらぺらとめくってみたのは中学生のころだったか，高校生のころだったか。当時は意味がわからず，ちんぷんかんぷん。本棚にただ戻しただけだった。何の因果か大学で心理学を学び，そこで心理統計の講義を受講し，再度ちんぷんかんぷん。それが何の因果か，今は大学で心理統計法も教えている。人生とは不思議なものとつくづく思う。

　さて，大学等で心理統計法の講義を担当し，いろいろな受講生がいるということをしばしば感じていた。大学による違いは大きく，また，同じ大学でも学生による違いは大きい。算数や数学を苦手とする学生に講義をおこなう場合，従来のテキストを使うことが難しいと感じることが何度もあった。

　そのような状況といろいろな思いがあり，つい悪いくせで，「それなら作ればいいや」と安直に手をつけはじめ，紆余曲折の末どうにか最終的に無事に出版までこぎ着けることができた。立ち話しの際に口にした企画が，書籍という具体的な形で無事に完成を迎えたのも，ナカニシヤ出版の宍倉由髙氏のおかげである。厚くお礼申し上げます。この教科書が，算数や数学を苦手とする心理統計法の受講生にとって少しでも役に立つこと，そして，そのような学生を相手に講義をおこなう教員の役に立つことを願っている。

　私は統計学が専門ではないため（性格・社会心理学の研究者です），内容に間違いのないように，心理統計学を専門に研究されている帝京大学文学部の橋本貴充さんに内容の確認をお願いした。突然のお願いにもかかわらず快諾いただき，本当にお忙しいなか，丁寧に何度もチェックしていただいた。おかげで，より良い，そしてまっとうな本にすることができた。橋本さんのお力添えなしにはこの本は成り立たなかった。心より感謝申し上げます。なお，橋本さんには，分散分析のコラムもご執筆いただいた。重ねて感謝申し上げます。

　元研究仲間の青林氏には，初期の原稿を丁寧に読んでいただき，内容についてのアドバイスをいただいたり，初学者にわかりにくいであろうところを指摘していただいたりした。感謝。

　また，勤務先の心理統計法の授業で何期かにわたりステューデント・アシスタントとして補助をしてくれた松下聡さんには，この教科書の元となった配付資料について，わかりにくい点などを指摘してくれたり，計算問題の数値のチェックをしてくれたりと，いろいろ手伝っていただいた。感謝。

　西のＲ氏には，大いに刺激を受けている。彼の姿勢とパフォーマンスには，頭の下がる思いで

いっぱいである。ほんと，見習わないといけない。感謝。

　最後に，これまで出会ってきた多くの方々，そして，これまで心理統計を勉強させていただき，また本書の執筆にあたり参考にさせていただいた数多の書籍にも感謝。

　さて，最後の最後に，妻と子と実家の家族の皆様に感謝の言葉を述べてキーボードから手を離したいと思う。ありがとう。

　さてさて，*最後までお読みいただき，ありがとうございました。*
　それでは，*またご縁がありましたら……。*

2018 年 8 月吉日
今と先をさらに見据えながら
（＆父に捧げてみようかなと思いながら）

〈増補版〉あとがき

　実は，オリジナル版を作成している段階で，分散分析を入れるかどうか議論があった。最終的には扱わないことにしたが，出版後に分散分析もあれば良いのにという声が聞こえてきた。そこで，満を持して（？）1要因分散分析を追加したものを作成することにした。ボリュームが増えたこともあり練習問題の解説はweb上にアップすることにしたが，それでも，本体のボリュームは前のものよりも増えてしまった。

　なお，分散分析の追加だけでなく，全体にわたって，表現等，細かい部分を大量に修正した。ちなみに，ミスの修正もおこなっている。そのため，全体としても精錬されたものになったといえる。

　さて，今回も，内容に間違いのないように，心理統計学を専門に研究されている独立行政法人大学入試センターの橋本貴充さんに内容の確認をお願いした。丁寧にチェックしていただいたおかげで，安心してこの書籍を出版することができた。心より感謝申し上げます。なお，橋本さんにはコラムもいくつかご執筆いただいた。重ねて感謝申し上げます。

　また，出版にあたっては，ナカニシヤ出版の宍倉由高様，山本あかね様にもお世話になった。お礼申し上げます。

　最後に，西のR氏をはじめとするこれまで出会ってきた多くの方々に感謝の言葉を述べさせていただきたい。この本を出版できたのも，皆様の御陰による今の私があるからである。心から感謝。

　さて，最後の最後に，妻と子と実家の家族の皆様に感謝の言葉を述べてキーボードから手を離したいと思う。ありがとう。

　さてさて，最後までお読みいただき，ありがとうございました。
　それでは，またご縁がありましたら……。

2020 年 12 月吉日
次に何ができるか思索しながら
（＆父に捧げてみようかなと思いながら）

〈再増補版〉あとがき

　しばらくはこの書籍の改訂などはおこなわないであろうと思っていたのだが，予想外（？）のことが生じた。それは，公益社団法人日本心理学会の心理学研究の「執筆・投稿の手引き」の改訂である。これは，心理学研究という学術雑誌の論文スタイルの書き方を示すものであり，多くの研究者が，これに従って論文を執筆する。もちろん，すべての論文がこれに従うというわけではないが，多くの心理学系の学術雑誌や各大学の卒業論文のスタイルなどにも反映されているため，この手引きの改訂は，大きな影響を及ぼす。

　その手引きの改訂において，効果量というものを記載することが指示された。となると，心理統計の授業でも，効果量を教えることが増えてくると考えられる。実は，前回の改訂の際に効果量も入れようかと思っていた。しかし，結局は1要因分散分析の追加でおさめることにし，効果量はそのうちにと先送りにしていた。で，出版してしばらくした今，手引きの改訂がおこなわれたのである。しかも，ちょうど本書を増刷するかどうするかが見えてきたタイミングで，である。

　こうなると，やることは一つである。ボリュームを押さえる必要があったので，あまり踏み込んだ説明をすることはできなかったが，最低限の説明をおこなってみた。お役に立てば幸いである。

　さて，今回も，内容に間違いの無いように，心理統計学を専門に研究されている独立行政法人大学入試センターの橋本貴充さんに内容の確認をお願いした。丁寧にチェックして頂いたおかげで，安心してこの書籍を出版することができた。心より感謝申し上げます。

　また，出版にあたっては，ナカニシヤ出版の山本あかね様にもお世話になった。御礼申し上げます。

　最後に，これまで出会ってきた多くの方々に感謝の言葉を述べさせて頂きたい。この本を出版できたのも，皆様の御陰による今の私があるからである。心から感謝。

　さて，最後の最後に，子と妻と実家の家族の皆様に感謝の言葉を述べてキーボードから手を離したいと思う。ありがとう。

　さてさて，最後までお読みいただき，ありがとうございました。
　それでは，またご縁がありましたら……。

2023年9月吉日
次はあるのかどうなのか考えながら
（＆父に捧げながら）

著者紹介

鈴木公啓（すずき ともひろ）博士（社会学）
広島大学教育学部卒（1999 年）
東洋大学大学院社会学研究科修了（2008 年）
現職　東京未来大学准教授
著作　痩せという身体の装い（単著 2017 年）ナカニシヤ出版
　　　パーソナリティ心理学入門（共著 2018 年）ナカニシヤ出版
　　　装いの心理学（編著 2020 年）北大路書房
　　　〈よそおい〉の心理学（編著 2023 年）北大路書房
　　　要説パーソナリティ心理学（編著 2023 年）ナカニシヤ出版　ほか

やさしく学べる心理統計法入門〈再増補版〉
こころのデータ理解への扉その3

2023 年 10 月 20 日　　再増補版第 1 刷発行	定価はカヴァーに 表示してあります

著　者　鈴木公啓
発行者　中西　良
発行所　株式会社ナカニシヤ出版
〒606-8161　京都市左京区一乗寺木ノ本町 15 番地
Telephone　075-723-0111
Facsimile　075-723-0095
Website　　http://www.nakanishiya.co.jp/
Email　　　iihon-ippai@nakanishiya.co.jp
郵便振替　01030-0-13128

装幀 = 白沢　正／印刷・製本 = 創栄図書印刷株式会社
Copyright © 2018, 2021, 2023 by Tomohiro SUZUKI
Printed in Japan.
ISBN978-4-7795-1758-7 C3011